영생의 복음

영생의 복음

Copyright © 새세대 2024

초판 1쇄 발행 | 2024년 1월 22일

지은이 | 곽요셉
펴낸곳 | 도서출판 새세대
발행인 | 곽요셉
이메일 | churchgrowth@hanmail.net
홈페이지 | www.newgenacademy.org
출판등록 | 2009년 12월 18일 제20009-000055호
주소 | 경기도 성남시 분당구 정자동 210-1
전화 | 031)761-0338 팩스 031)761-1340

이 출판물은 저작권법에 의해 보호를 받는 저작물이므로
무단 전재와 무단 복제를 할 수 없습니다.

ISBN 979-11-88604-14-2 (03230)

잘못된 책은 구입처에서 교환해 드립니다.
책값은 뒤표지에 있습니다.

곽요셉 목사 설교집

영생의 복음

곽요셉 지음

도서
출판 새세대

영생이라는 용어는 그리스도인이 자주 말하는 단어이지
만, 그 의미를 충분히 알지 못하고 사용합니다. 그러다보니
영생의 삶은 추상적인 것이 아님에도 삶에서 구체적으로 나
타나지 못합니다. 또 죽어서 천국에 가서가 아니라, 오늘 누
리는 것이 영생임에도 영생 안에 있는 은혜와 평강과 기쁨을
누리지 못하고 살아갑니다.

영생은 하나님의 생명입니다. 이것은 신적인 생명이요, 영
원한 생명이요, 새로운 생명입니다. 육신의 생명처럼 죽어가
고 없어지는 생명이 아닙니다. 그래서 영생을 가진 사람을
"하나님께로부터 난 자들"(요 1:13)이라고 말씀합니다. 반면
육신의 생명이란, 육의 생각을 하며 육의 일을 도모하는 것을
말합니다. 육신을 위한 삶을 지향하기에 나 중심의 삶을 살며

이기적인 탐심과 정욕에 이끌려 살아갑니다. 그 결과 자기 유익이 항상 먼저입니다. 나의 행복, 나의 성공, 나의 기쁨을 최우선으로 하는 삶을 살려고 합니다.

예수님은 영생을 우리에게 주시기 위해 이 땅에 보내심을 받으셨습니다. 새 사람으로 창조되고 변화되게 하는 역사가 오직 예수 그리스도 안에 약속되어 있는데, 이것이 하나님의 복음입니다. 그래서 영생을 가진 사람은 그리스도인으로서의 특권과 함께 영생을 누려야 할 책임 가운데 인생을 살아갑니다. 이 영생으로 하나님 나라의 백성 되었음을 알아, 영생의 삶을 통하여 절망하지 말고 소망 중에 기쁨으로 하나님께 감사하고 찬양하며, 복음의 증인으로 살라고 기록된 것이 요한복음과 요한의 서신들입니다.

   그래서 요한복음의 기록 목적을 "예수께서 하나님의 아들 그리스도이심을 믿게 하려 함이요 또 너희로 믿고 그 이름을 힘입어 생명을 얻게 하려 함이니라"(요 20:31)고 말씀합니다. 영생은 요한에 의해서 요한복음에 기록된 최종 계시입니다. 하나님 나라에 대한 최종 계시로서 영생을 소유하고, 영생의 삶을 살아가는 구체적인 역사를 말씀합니다.

   그리스도인은 하나님의 복음과 성령의 역사로 말미암아 예수 그리스도 안에서 거듭난 새 사람입니다. 거듭난 사람이요, 천국 시민권을 가진 사람입니다. 영생을 가진 사람은 비로소 이 모든 사실을 알게 됩니다. 그리고 자아를 깨뜨리고 죽이기를 갈망합니다. 그리고 내 안에서 살아 계신 예수 그리스도가 역사하여 오직 그리스도의 영광을 나타내는 것을 기

뻐하는 삶을 목적으로 오늘을 살아가게 됩니다. 자기를 부인하고 그리스도를 따르는 사람이 됩니다.

진정 영생을 소유한 자로 그 영생을 확신하며 오늘을 살아가십니까? 영의 생각에 이끌려 영의 일을 도모하면서 영 주도적인 인생을 목적으로 오늘을 살아가십니까? 하나님 중심의 삶을 살며 자기를 부인하고 예수 그리스를 따르는 삶을 매일 매일 살아가고 있습니까? 이 책은 영생을 바르게 아는 지식으로 안내합니다. 이 책과 함께 하나님과 동행하고 교제하며, 오늘 예수 그리스도 안에서 선물로 받은 영생을 누리며, 성령께 사로잡히는 영생을 소유한 사람으로 합당하게 살아가시기를 바랍니다.

차 례

01

—

영생의 복음

하나님이 세상을 이처럼 사랑하사 독생자를 주셨으니 이는 그를 믿는 자마다
멸망하지 않고 영생을 얻게 하려 하심이라　　　　　　　— **요한복음 3:16**

영생의 복음

1896년 서재필 등과 독립협회를 창립하고 조선교육협회장으로 활동하면서 항일 독립운동에 헌신했던 이상재 선생의 일화입니다. 어느 날, 한 청년이 신문을 오려 들고 급히 찾아와서 말했습니다. "선생님, 오늘 신문 기사에 장수 비법이 나와 가져 왔습니다. 선생님 같은 분은 참으로 오래오래 사셔야 하지 않겠습니까!" 그러자 이상재 선생은 웃으면서 이렇게 대답했다고 합니다. "난 그런 거 필요 없네. 그 사람들은 진짜 비법을 모르거든. 나는 이미 영원히 사는 법을 알고 있다네."

성도 여러분, 영생의 비밀을 알고 확신하며 누리면서 오늘을 살아가십니까? 성경에서 하나님은 인류를 두 부류로 구별하십니다. 육신으로 난 자와 하나님께로부터 난 자입니다. 이는 곧 육신으로 태어난 자와 영으로 태어난 자를 말합니다.

출생이 육신으로 말미암은 자가 있는가 하면, 그 출생이 하나님으로부터 된 존재가 있다는 것을 의미합니다. 하나님의 자녀는 하나님께로부터 난 자입니다. 하나님의 자녀는 영생을 소유한 자입니다. 지금 여러분은 영생을 소유했음을 확신하며 영생을 누리면서 이 땅에서 살아가고 있습니까? 이것이 중요한 것입니다.

영에 이끌려 사는 사람

육신의 생명이란 육의 생각을 하며 육의 일을 도모하는 생명력을 말합니다. 문자 그대로 육신을 위한 삶을 지향하며 살아가도록 역사합니다. 그래서 나 중심의 삶을 살며 이기적인 탐심과 욕망에 이끌려 살아갑니다. 그 결과 자기 유익이 항상 먼저입니다. 나의 행복, 나의 성공, 나의 기쁨을 최우선으로 하는 삶을 지향합니다. 반면에 영생이란 육신의 생명과 정반대입니다. 전혀 그러한 삶을 살아가지 않습니다. 영생이란 영의 생각을 하고 영의 일을 하며 오늘을 살아갑니다. 영 주도적인 삶을 살며 영적인 삶을 구체화하며 오늘을 살아갑니다. 그래서 하나님 중심의 삶을 살며, 하나님의 말씀을 기뻐하고 그 말씀에 순종하는 삶을 살아갑니다. 그 결과 자기를 부인하고 그리스도를 따르며 하나님께 영광 돌리는 삶을 지향하게 됩니다.

어떤 미션스쿨의 성경공부 시간에 있었던 일입니다. 목사님이 절대 선, 절대 은혜, 절대 진리 등을 가르치며 하나님을 아는 지식에 대해 가르칠 때였습니다. 한 학생이 이의를 제기합니다. "선생님, 이 세상에 절대란 없습니다." 그래서 목사님이 "너 정말 그렇게 알고 믿고 살아가느냐?" 물었더니, 이 학생이 확신에 찬 목소리로 대답합니다. "물론이죠. 그건 절대 사실입니다."

얼마나 모순입니까! '절대란 것이 절대 없다'는 이것이 곧 인간의 어리석음입니다. 성도 여러분, 하나님의 자녀는 하나님의 말씀이 절대 진리임을 믿고 살아갑니다. 하나님의 복음이 영원한 진리이며 절대적인 것임을 알고 믿고 오늘을 살아갑니다. 그 사람이 복 있는 자입니다.

요한복음 3장 16절은 성경 말씀 중에서 가장 유명한 구절일 것입니다. 2천 년 기독교 역사에서 수많은 사람이 암송하고 가장 많이 기억하는 본문입니다. 동시에 복음의 진수입니다. '하나님의 복음은 무엇인가'라는 질문에 가장 명확한 정의이며 대답입니다. 이것은 절대 진리입니다. 그렇기에 하나님의 자녀는 이 말씀을 항상 묵상하며 이 말씀의 살아 있는 증인으로 살아가야 합니다. "하나님이 세상을 이처럼 사랑하사 독생자를 주셨으니 이는 그를 믿는 자마다 멸망치 않고 영생을 얻게 하려 하심이라." 얼마나 귀한 말씀입니까! 이 말씀 속에 먼저 하나님이 누구신지에 대한 계시가 기록되어 있습니다. 성경은 명백하게 증거합니다. '하나님은 사랑이시다.' 사랑의 하나님을 선포하고 있습니다. 그래서 말씀합니다. "God so loved the world." 즉 "하나님이 이처럼 세상을 사랑하셨다." 어두운 세상입니다. 하나님을 거역하는 불신자들의 세상입니다. 그것을 다 아시고도, 사랑받을 만한 자격이 없음을 아시고도 아가페 사랑을 넘치게 부어주시는 하나님, 그 하나님을 계시하고 있습니다.

또한 하나님께서 예수 그리스도를 이 땅에 보내셨습니다. 독생자를 보내신 하나님, 그 하나님을 계시하고 있습니다. 나의 구주로, 세상의 구주로 독생자 예수 그리스도를 보내신 살아 역사하시는 하나님, 그 하나님을 믿음으로 우리는 하나님의 자녀입니다. 세상의 모든 종교마다 신을 주장하지만, 그건 우상에 불과합니다. 한 인간의 깨달음으로부터 시작된 것일 뿐입니다. 그러나 기독교는 하나님의 계시로부터 믿음을 가지고 신앙생활을 하게 됩니다. 살아 계신 하나님의 역사가 명백하게 기록되어 있습니다.

그리고 왜 독생자 예수 그리스도를 보내셨는지에 대한 답입니다. "영생을 주게 하시려고." 이것이 성육신의 목적입니다. 가장 명료한 선언입니다. 예수님이 이 땅에 오신 이유는 그를 통하여 하나님께서 영생을 주게 하시려고, 다시 말해서 새 사람을 창조하시려고 독생자를 이 땅에 보내셨다는 것입니다. 이것을 믿는 자가 하나님의 자녀입니다. 이 복음을 믿음으로 영생을 받았고 확신하며 오늘을 살아갑니다. 그래서 하나님께로부터 난 자라고 성경은 기록하고 있습니다.

성도 여러분, 정말 영생을 소유한 자로 그 영생을 확신하며 오늘을 살아가십니까? 영의 생각에 이끌려 영의 일을 도모하면서 영 주도적인 인생을 목적으로 오늘을 살아가십니까? 하나님 중심의 삶을 살며 자기를 부인하고 예수 그리스도를 따르는 삶을 매일 매일 살아가고 있습니까? 만일 그렇지 않다면, 그 사람은 아직 영생이 무엇인지 잘 모르는 사람입니다.

영생의 주인이신 예수님

또한 이 말씀은 예수님이 누구신지를 가장 명료하게 궁극적 계시로 우리에게 선포합니다. 예수님은 영생의 주인이십니다. 그리고 영생을 우리에게 실제로 주시는 분입니다. 성경은 그것을 기록하고 있습니다. 그 증거가 예수님의 부활입니다. 이는 육신의 생명의 부활이 아닙니다. 육신의 생명은 죽었습니다. 예수님의 부활은 영원한 생명으로 나타납니다. 이것을 항상 기억해야 합니다. 그래서 오늘날 예수님을 나의 구주로 믿는다면서, 예수님이 이 땅에 오신 목적이 세상을 개혁하고 개선하며 좋은 세상을 만들고 유토피아를 약속한 것으로 생각하는 자들이 많은데 그것은 다 가짜입니다. 인간의 기대일 뿐입니다. 그것은 하나님의 말씀이 아닙니다. 그럼에도 불구하고 내 기대에 맞으니까 '아멘' 하며 따르는 무리가 많습니다. 하지만 그것은 거짓 기독교입니다.

또한 예수님을 믿음으로 자아실현을 이루고, 꿈을 성취함으로 부와 성공을 얻어 소원 성취한다는 것도 새빨간 거짓말입니다. 그럼에도 이런 것들이 내 기대와 딱 들어맞자 위로를 받습니다. 그러다 보니 인간의 말에 복음이 왜곡되어 있어도 이걸 분별하지 못하는 것입니다. 왜냐하면 그 안에 영생이 없어서입니다. 이를 분명히 알아야 합니다. 예수님은 영생의 주인으로 보내심을 받은 분이요, 영생을 우리에게 실제로 주시기 위해 이 땅에 오신 분임을 성경은 기록합니다. 한마디로 오직 예수 그리스도 안에서 새 사람이 창조되는 것입니다. 내가 새 사람으로 창조되고 변화되게 하는 역사가 오직 예수 그리스도 안에 약속되어 있다는 사실을 기억해야 합니다. 이것이 기독교의 복음입니다. 성도 여러분, 이 복음을 알고 확신하며 누리면서 또 증거하면서 오늘을 살아가십니까?

영생이란?

영생이란 무엇입니까? 영어로 eternal life라고 합니다. 영생이 무엇이라 생각하십니까? 내 주변 사람들이 영생이 무엇이냐고 물어볼 때 어떻게 대답하고 증거하며 살아가십니까? 내가 영생을 가졌음을 어떻게 인식하고 분별하며 확신하십니까? 이는 추상적인 것이 아닙니다. 실제 사건이 있어야 합니다. 하나님의 말씀은 능력이므로 사건 속에서 체험되어야 하는 것입니다. 그 증거가 무엇입니까? 영생은 멸망하지 않는 것입니다. 멸망과 정반대의 생명을 의미합니다. 그래서 성경은 말씀합니다. "멸망하지 않고 영생을 얻게 하려 하심이라." 영생이 없는 삶은 다 소멸하고 멸망하는 것입니다. 그러나 영생은 멸망하거나 소멸하는 것이 아닙니다.

인류의 상태는 하나님이 보시기에 죄가 가득한 상태입니다. 죄의 권세 아래 살아가는 상태입니다. 그래서 하나님 앞에서 진노의 자녀라고 성경은 언급합니다. 한마디로 심판의 대상이 되어버렸습니다. 그대로 두면 스스로 멸망하고 마는 것입니다. 사탄의 역사라는 죄의 결과로 나타난 인류의 상태입니다. 그래서 성경은 의인은 없으되 하나도 없다고 선언합니다. 에베소서 2장 1절의 유명한 말씀을 기억하시기 바랍니다. "그는 허물과 죄로 죽었던 너희를 살리셨도다." 죄와 허물로 온 인류의 상태는 죽었습니다. 다시 말해서 육신의 생명뿐입니다. 영원히 죽었습니다. 하나님은 없다며 하나님을 경외하지 않는 것입니다. 모든 것이 소멸하고 멸망할 것입니다. 하지만 영생은 다시 삽니다. 다시 살아난 존재가 영생을 가진 하나님의 자녀입니다. 그러나 세상은 이 지식을 알지 못합니다.

성도 여러분, 얼마나 불쌍합니까? 오늘날 인류는 영생의 비밀을 알지 못하는 상태로 비참하게 살아갑니다. 과학기술, 문명, 수많은 지식을 자랑하지만 아는 생명은 육신의 생명뿐입니다. 그것이 불쌍한 것입니다. 자신이 어떤 상태인지도 모르고, 어디로 끌려가는지도 모르는 것입니다. 그러나 영생은 그런 상태로부터 벗어나게 합니다. 진노의 자녀가 아니라 하나님의 자녀로 옮겨갑니다. 이제 그것을 알게 되었습니다. 영생이 없을 땐 깜깜했습니다. 아무것도 몰랐습니다. 그것뿐인 줄 알았습니다. 그러나 영생을 받고 나니, 이제는 알겠습니다. 바로 영생의 역사입니다.

또한 영생은 하나님의 생명입니다. 이것은 신적인 생명이요, 영원한 생명입니다. 육신의 생명처럼 죽어가고 없어지는 생명이 아닙니다. 이것은 새로운 생명이요, 새로운 출생을 말합니다. 그래서 하나님께로부터 난 자라고 말하는 겁니다. 이 생명을 가졌을 때 제일 먼저 나타나는 표지가 하나님을 아는 지식을 깨닫고 믿게 되는 것입니다. 놀라운 일이 내 안에 벌어지기 시작하는 것입니다. 하나님은 없다고 했는데, 이 생명을 받고 나니 하나님을 알고 싶고, 하나님께 가까이 가고 싶고, 하나님만을 소망하게 되었습니다. 하나님의 말씀이 들려지고, 알고 확신하게 되며 그 말씀에 따라 순종하는 삶을 살게 됩니다. 이게 영생의 생명력입니다. 얼마나 놀라운 소식입니까? 이 생명이 나타났다는 것이 복음입니다. 이 생명은 인간이 잘 아는 도덕적 생명이나 종교적 생명을 말하지 않습니다. 도덕적인 인생, 종교적인 인생보다 나은 인생을 말하는 게 아닙니다. 그런 것은 다 인간이 이해 가능한 삶입니다.

하지만 영생은 하나님과 함께하며 하나님과 교제하고, 하나님과 동행하면서 하나님의 영광이 나타나는 그런 생명의 세계를 말합니다. 이 생명을 그리스도인은 체험하게 됩니다. 그리고 체험적 고백으로 모든 영생을 소유한 자는 날마다 이렇게 인식하기 시작합니다. 이전에는, 예수 믿기 전에는 육신의 생명뿐인 줄 알았는데 이제는 영생이 있음을 알고 체험하게 됩니다. 그 영생의 역사로 변한 게 너무도 많습니다. 그리고 고백합니다. 이전에는 옛사람의 본성에 이끌려 살았고, 세상 지식에 이끌려 살았습니다. 그런데 이제는 새로운 차원의 하나님을 아는 지식에 이끌리어 살아갑니다. 새 사람의 본성에 이끌려 살아갑니다. 이는 나의 타고난 본성이 아닙니다. 신의 성품이요, 하나님이 사시는 생명력으로 오늘을 살아감을 고백하게 됩니다. 예전에는 육신에 속한 자였으나, 이제는 하나님께 속한 자입니다. 너무나 감사한 일이 아닐 수 없습니다. 이 놀라운 일이 내 안에서 체험되고 고백되기 시작합니다.

하나님께서 주시는 선물로서의 영생

이 영생이 우리 안에 어디에 있는 겁니까? 성경의 답은 이것입니다. 바로 영혼 안에 있는 것입니다. 이는 내적이고 영적인 생명입니다. 그 영생이 인간 안에 있는 지정의를 지배하고 주도하게 됩니다. 그래서 다른 차원의 생명으로 오늘을 살아가게 합니다. 또한 이 생명은 자라가야 합니다. 육신의 생명이 자라나는 것처럼 말입니다. 육신의 생명이 자라나지 않으면, 예를 들어 아기가 자라나지 않으면 죽게 되는 것 아닙니까? 영생도 우리 안에서 자라납니다. 충만해집니다. 참 신비로운 역사입니다. 어떻게 자라납니까? 육신의 생명은 무엇인가를 먹고 마심으로 자라나지만, 영생은 하나님의 말씀만을 먹고 마시며 그 생명력으로 자라납니다. 이 하나님의 말씀과 영생은 절대적 관계에 있습니다. 그래서 예수님께서 십자가를 지시기 전날 밤에 제자들을 위하여, 온 인류를 위하여 마지막 중보기도를 하실 때 이것을 첫 문장으로 기도하셨습니다. "영생은 곧 유일하신 참 하나님과 그가 보내신 자 예수 그리스도를 아는 것이니이다"(요 17:3). 영생을 받았으므로 비로소 하나님을 알고 예수님을 알게 되었습니다. 그리고 하나님을 아는 지식, 그리스도를 아는 지식을 가지면 가질수록 영생이 자라남을 내 삶에서 체험하고 고백하게 되는 것입니다. 얼마나 놀라운 일입니까?

또한 영생은 선물입니다. 우린 그것을 은혜라고 합니다. 무료로 주시는 선물입니다. 영생은 오직 예수 그리스도 안에서 우리가 받는 것입니다. 이것은 인간에 의하여 만들어진 것도 아니요, 인간이 주는 것도 아닙니다. 인간이 수없이 노력하고 애써서 얻어지는 것과는 차원이 다릅니다. 이는 하나님에 의해 주어지는 선물입니다. 더 정확히 말하면 본문은 이렇게 증거합니다. "하나님이 세상을 이처럼 사랑하사." 바로 그것입니다. 아가페 사랑을 알고, 믿고 고백함으로 주어지는 은총입니다. 아가페 사랑의 강권적 역사로 주시는 선물입니다. 그래서 성경은 말합니다. "하나님이 세상을 이처럼 사랑하사." 얼마나 귀한 역사입니까?

다시 말씀드립니다. 영생은 우리에게 아무것도 요구하지 않습니다. 내가 영생을 받았으므로 이렇게 해야 된다는 그런 식의 것이 아닙니다. 절대 아닙니다. 아무것도 요구하지 않습니다. 우리는 단지 받는 것입니다. 영생은 하나님이 주시는 것입니다. 이것을 잊어서는 안 됩니다. 하나님의 말씀인 율법에는 율법의 요구가 따릅니다. 온 인류는 그 율법을 지켜야 합니다. 율법을 순종함이 마땅합니다. 이것이 하나님의 요구입니다. 그러나 영생은 아무것도 바라시는 게 없습니다. 하나님의 사랑만 알면 됩니다. 그 사랑을 믿고 고백할 때 내 안에 영생이 선물로 주어지는 것입니다. 그야말로 선물인 것입니다. 그런데 왜 세상은 이걸 안 받는 겁니까? 이 귀한 영생을 왜 하나님께서 주신다고 하는데 받지 않는 겁니까? 한번 생각해 보십시오. 참으로 기이한 일입니다. 도저히 이성적으로는 이해가 되지 않습니다. 그러니 하나님이 보시기에는 어떻겠습니까? 독생자까지 내어주시면서 그 귀한 선물을 준다는데도 안 받습니다. 그것이 악하다는 것입니다.

그 이유는 두 가지입니다. 첫째, 이것이 선물인지를 모르는 것입니다. 거저 주시는 선물이라고 성경 전체는 말하는데, 예수 그리스도가 살아 있는 증거인데 선물인지를 모릅니다. 들어도 모르고, 가르쳐줘도 모르고 아예 받아들이지 않습니다. 거저 준다니까 더욱더 믿지 못하고 또 인정할 수가 없는 것입니다. 둘째, 그 결과를 믿지 않는 것입니다. 선물이라는, 은혜라는 것을 믿지 않는 것입니다. 그냥 주시므로 우리는 받기만 하면 되는데, 다른 요구 사항이 없는데 안 믿는 것입니다. 얼마나 비참한 세대입니까? 스스로 멸망의 길로 가고 있는 것입니다.

모든 믿는 자에게 주시는 영생

또한 이 영생은 "믿는 자마다"에게 주시는 선물입니다. 특정인에게 주시는 선물이 아닙니다. 특정한 소수에게만, 지적 능력이 있고 훌륭한 사람에게만 주시는 것이 아닙니다. 누구에게나 보편적인 역사입니다. 본문 말씀에서처럼 "믿는 자마다"에게 주시는 선물이에요. 이게 복음에서 가장 충격적인 선언입니다. 그래서 당시 성경으로 돌아가면 유대인이 이것 때문에 분노합니다. 자신들은 특별한 선민이고, 하나님의 택한 백성이고, 혈통적으로 아브라함의 자손이므로 자신들만이 하나님의 자녀라고 믿었습니다. 그리고 그 신념에 따라 열심히 율법을 지키려고 했고 하나님께 헌신하는 삶을 살았는데, 웬 청년이 와서 하는 말이 '믿는 자마다 모두에게' 영생이 하나님의 선물로 주어진다고 하니 이것을 받아들일 수 있겠습니까? 실로 충격적입니다.

그러다 조금 있어 보면 분노하기 시작합니다. 왜냐하면 지금 내 것을 빼앗기는 기분인 것입니다. 말도 안 되는 것입니다. 결국 그 분노가 살인으로, 예수님을 죽이는 사건으로 이어집니다. 그것이 성경 기록이에요. 동일한 사건이 역사 안에 있는 것입니다. 이 세상의 모든 종교에는 극소수만이 도달할 수 있는 엄격한 기준이 있습니다. 그 계율을 따라야만 구원받는 것입니다. 그런데 예수 그리스도를 믿는 자는 누구에게나, 예수님을 구주로 영접한 모든 자에게는 영생을 선물로 준다고 하니 이런 허황된 얘기가 어디 있습니까? 그래서 충격적인 소식이니 받아들일 수가 없다며 때로는 무시하고 조롱하는 것입니다.

또 세상을 보면 규칙이 있습니다. 정의라는 게 있습니다. 법을 지키고 정의를 구현하는 사람들이 구별된 사람이고 하나님의 은총을 받을 수 있는 사람이지, 법을 어기고 정의를 구현하지 않으면 나쁜 놈, 위선자라고 정죄합니다. 그런데 그러한 자들까지도 모두 하나님께서 사랑하시어 영생을 선물로 주신다고 하니 도대체가 말이 안 됩니다. 이는 모든 것을 파괴하는 행위이고, 추상적인 진리로 유혹하려는 것이라고 생각될 뿐입니다. 참으로 어리석은 싸움입니다. 그러나 모든 믿는 자에게 영생을 주신다는 것은 하나님의 선언입니다. 하나님의 사랑의 역사입니다. 그것을 믿는 자가 하나님의 자녀입니다.

영생의 삶을 누리며 사는 사람

성도 여러분, 어떻게 해야 영생을 받을 수 있습니까? 오늘 성경 말씀 그대로입니다. 그래서 복음의 진수입니다. 독생자 예수 그리스도를 믿는 자마다, 나의 구주로 또 세상의 구주로 영접하고 받아들이는 그에게 영생을 주신다고 약속하십니다. 이것이 기독교의 구원입니다. 모든 종교가 구원을 말하지만, 그 속에는 영생이 없습니다. 실제적인 영생의 삶이 없습니다. 진정한 변화가 없습니다. 이것으로 구별되는 것입니다. 내가 그리스도인이고 천국 백성인 것을 무엇으로 확신하십니까? 무엇이 증거입니까? 최종적 복음의 계시는 영생입니다.

오늘날 많은 사람들이 천국을 이야기할 때, 죽어서 천국 가는 것만 생각합니다. 여기서는 내 마음대로 살면서 조금 착하게 살면 된다고 생각합니다. 하지만 성경 어디에도 그런 말씀은 없습니다. 시작과 마지막, 그리고 그 과정이 영생으로 이

끌어가는 삶이어야 합니다. 그러니 영생을 소유하지 않은 자가, 영생을 누리지 못한 자가, 영생의 삶을 살지 않는 자가 어떻게 그리스도인이요, 하나님의 자녀요, 목회자요, 선교사란 말입니까? 아닙니다. 영생을 소유한 자만이 구원받은 자요, 하나님의 자녀입니다.

또한 영생이 있어야만 천국에 들어가는 것입니다. 예수 그리스도 밖에는 영생이 없습니다. 오직 예수 그리스도 안에만, 그를 나의 구주로 영접하고 예수 그리스도와 연합한 자에게만 그 생명이 주어지는 겁니다. 이것이 성령의 역사입니다. 성령의 역사로 말미암아 믿을 수 없는 것이 믿어지고, 경험할 수 없는 것이 경험됨으로 비로소 영생을 소유한 자로, 하나님께로부터 난 자로 하나님께 속한 자임을 확신하며 오늘을 살아가게 됩니다.

하나님의 사람이며 저명한 신학자였던 프란시스 쉐퍼는 제가 무척 존경하는 하나님의 사람입니다. 이분이 말년에 스위스에서 작은 집을 하나 구입해서 라브리 공동체를 만듭니다. 그리고 그곳에서 당시 젊은 사람들을 대상으로 성경을 가르칩니다. 다양한 주제가 언급되는데, 지적이고 탐구력이 있는 젊은 사람들이 쉐퍼 박사를 존경합니다. 그의 탁월한 신학적 능력과 저서 또한 하나님의 말씀을 오늘 세상의 문화와 현실의 삶에 연결합니다. 이러한 그의 뛰어난 가르침에 다들 존경하는 것입니다. 한 청년이 그분에게 물었습니다. "쉐퍼 목사님, 복음을 결코 듣지 못한, 그리고 믿지 않는 사람들은 어떻게 되는 겁니까?" 그들은 예리하고 멋진 대답을 기대하며 기다렸습니다. 그런데 쉐퍼 목사님은 아무 말씀도 하지 않는 것입니다. 잠시 시간이 지난 후에 보니 목사님은 고개를 숙이고 울고 있었습니다. 성도 여러분, 영생을 가진 자의 마음입니다. 신의 성품을 지닌 자의 마음입니다. 영생의 비밀을 알지 못하고 복음을 받지 않는 이 세대가 너무나 불쌍한 것입니다. 너무나 안타까운 것입니다. 이것이 그리스도의 마음입니다. 이 마음을 가졌기에 하나님의 복음을 증거하며 복음의 증인으로 오늘을 살아가게 됩니다.

성도 여러분, 영생을 가진 사람은 영생을 누려야 할 책임이 있습니다. 이것이 그리스도인의 특권이요, 인생입니다. 이는 추상적인 것이 아닙니다. 육신의 생명력처럼 나를 이끌어가는 새로운 생명력이기 때문입니다. 그러므로 영생을 누려야 합니다. 영생 안에 있는 은혜와 평강과 기쁨을 오늘 누려야 합니다. 후에 천국에서 누리라는 말을 하는 것이 아닙니다. 바로 오늘 누리라는 겁니다. 성령이 그렇게 역사하십니다. 만일 내가 오늘 누리지 못하면 그 사람은 영생이 뭔지를 모르는 것입니다.

추상적으로만 생각하는 것입니다. 불행하게도 우리는 이 세상에서 그 영생을 잠시 맛보는 상태로만 누릴 수가 있어요. 계속해서 지속적으로 누리지는 못합니다. 왜냐하면 어둠 속에서 살아가며 죄의 본성이 함께 있기 때문입니다. 그러나 천국에서 이 영생은 영원하며 지속적일 것입니다. 그 증거가 예수 그리스도입니다. 이 땅에서 영생으로 사셨습니다. 그리고 부활하시고 승천하셨습니다. 우리는 그분을 믿는 것입니다. 그가 주신 그 영생을 믿고 확신하며 오늘을 살아가는 것입니다.

성도 여러분, 진실로 우리는 영생의 복음을 알며 확신하는 자로 영생을 누리며 영생의 삶을 살아가야 할 것입니다. 영생의 주인이신 예수 그리스도 안에 연합하여 그가 주시는 생명력으로 구별된 인생을 살며, 권세 있는 삶을 살며, 승리의 삶을 살아가야 할 것입니다. 오직 예수 그리스도 안에서만 복음의 증인으로 영생의 빛을 따라 영생의 지혜와 능력을 체험하며 영생의 증인으로 살아갈 수 있는 것입니다. 오늘 우리에게 주시는 하나님의 말씀입니다. "하나님이 세상을 이처럼 사랑하사 독생자를 주셨으니 이는 그를 믿는 자마다 멸망하지 않고 영생을 얻게 하려 하심이라."

기도

전지전능하신 은혜의 하나님, 어두운 세상에 살며 육신의 생명이 전부라고 확신하면서 살아가는 미천한 죄인에게 오직 예수 그리스도 안에서 하나님의 복음을 믿음으로 영생의 비밀을 알게 하시고, 영생을 소유한 자로 영생을 누리며 체험하고 고백하면서 오늘을 살게 해주심을 진심으로 감사드립니다. 성령이시여, 이 영생이 우리 안에 주의 복음으로 말미암아 날마다 자라나 하나님을 아는 지식의 충만함에 이르며 그리스도를 따르는 사람을 통하여 충만해져 이 땅에서 영생의 빛을 나타내며, 영생의 삶을 살며, 영생의 분별력을 가지고 영 주도적인 승리의 삶을 살도록 항상 함께하여 주옵소서. 우리 주 예수 그리스도의 이름으로 간절히 기도드리옵나이다. 아멘.

02
——
구원과 심판

하나님이 세상을 이처럼 사랑하사 독생자를 주셨으니 이는 그를 믿는 자마다
멸망하지 않고 영생을 얻게 하려 하심이라 하나님이 그 아들을 세상에 보내신
것은 세상을 심판하려 하심이 아니요 그로 말미암아 세상이 구원을 받게 하려
하심이라 그를 믿는 자는 심판을 받지 아니하는 것이요 믿지 아니하는 자는 하
나님의 독생자의 이름을 믿지 아니하므로 벌써 심판을 받은 것이니라 그 정죄
는 이것이니 곧 빛이 세상에 왔으되 사람들이 자기 행위가 악하므로 빛보다 어
둠을 더 사랑한 것이니라 악을 행하는 자마다 빛을 미워하여 빛으로 오지 아니
하나니 이는 그 행위가 드러날까 함이요 진리를 따르는 자는 빛으로 오나니 이
는 그 행위가 하나님 안에서 행한 것임을 나타내려 함이라 하시니라

— 요한복음 3:16-21

02

구원과 심판

　독일의 한 신학대학 학장이 졸업을 앞둔 학생들 앞에서 했던 자신의 체험적인 이야기입니다. 얼마 전에 어느 교회에서 설교하고 나오는 길에 어떤 할머니 한 분이 그에게 이렇게 물었습니다. "당신은 예수님을 믿으십니까?" 학장이 말했습니다. "할머니, 제가 오늘 이 교회에서 설교한 사람입니다." 할머니는 다시 물었습니다. "당신이 설교를 했느냐고 묻는 것이 아니라, 정말 구원을 받았냐고 묻는 것입니다." 그러자 학장이 다시 대답했습니다. "할머니, 저 신학대학 학장입니다!" 할머니는 다시 물었습니다. "당신이 신학대학 학장이냐고 묻는 것이 아니라, 당신이 정말 예수 믿고 구원받았느냐는 것을 묻는 것입니다." 이 질문에 학장은 짜증이 났습니다. "할머니, 저 목사입니다!" 할머니는 또다시 물었습니다. "나는 당신이 목사인지 묻는 것이 아니라, 정말 예수 믿고 구원 받아 구원의 확신을 갖고 오늘을 살아가는지 묻는 것입니다. 정말 당신은 구원을 받았습니까?" 이 학장은 질문에 답하기를 멈추고 잠시 깊은 생각을 했습니다. 그리고 큰 충격에 빠졌습니다. '정말 나는 구원의 확신을 갖고 구원받은 자답게 오늘을 살고 있는가?' 그리고 그날 이후 깊은 기도와 회개를 통해서 다시 예수 그리스도를 자신의 구주로 영접하고 구원의 확신을 갖고 살아갔다고 합니다. 깊이 생각해 보시기 바랍니다.

그리스도인의 삶의 본질인 영생

성도 여러분, 정말 구원받으셨습니까? 정말 살아 계신 그리스도가 나의 구주가 되셔서 그리스도를 따르는 삶을 살아가고 있습니까? 영생을 소유한 자로 영 주도적인 인생을 살며, 영생의 삶을 이 땅에서 살아가고 있습니까? 진정으로 자기를 부인하며, 그리스도를 아는 지식의 충만함에 이끌리어 하나님께 영광 돌리는 삶을 살아가고 있습니까? 예수 그리스도 안에서 서로 사랑하며 복음의 증인으로 하나님의 일에 힘쓰고, 성령의 사람으로 살아가고 있습니까? 깊이 생각해야 합니다.

오늘날 이 시대는 기독교인조차도 구원에 대한 잘못된 이해와 확신을 갖고 있습니다. 그것은 바로 중생 없는 구원입니다. 이는 잘못된 신앙생활입니다. 교회 출석하는 것으로 구원받은 자이며, 예수님을 구주로 고백했으니 구원받은 자이며, 제자화에 참여했으니 구원받은 자이며, 십일조와 헌금을 하고 봉사와 선한 일을 했으니 구원받은 자라고 생각합니다. 하지만 지금 이런 걸 묻는 게 아닙니다. 이런 것은 본질적인 것이 아닙니다. 구원은 형식적인 것이 아닙니다. 추상적인 진리가 아닙니다. 구원은 삶의 변화입니다. 삶 자체입니다. 새 사람됨을 말하는 것입니다. 다시 한 번 생각해 보십시오. 나는 정말 영생을 알고, 영생을 가진 자입니까? 나는 영생의 빛에 이끌리어 영생의 삶을 오늘 살아갑니까? 나는 십자가에서 죽었으나 다시 사신 예수 그리스도가 나의 구주되심을 믿으며 오늘을 살아갑니까? 나는 그 복음의 증인으로, 정말 하나님 중심의 삶을 살아갑니까? 그 변화가 내 안에 있어 변화의 삶을 체험하고 있습니까? 그 복음의 역사가 내 안에 나타나고 있는지 정직하게 묻고 대답해야 할 것입니다.

하나님의 구원과 심판

성경에서 가장 큰 주제는 하나님의 구원과 심판입니다. 성도 여러분, 구원과 심판을 정말 믿으며 오늘을 살아가십니까? 예수님께서 이 땅에 오신 목적은 우리를 구원케 하심입니다. 심판에서 구원하시고자 오신 것입니다. 심판이 없다면 구원받을 필요도 없습니다. 그래서 우리가 누군가에게 복음을 전하고 위해서 기도해도 믿지 않는 것은, 구원은 좋은 것 같지만 구원받을 필요를 모르고 또 왜 심판을 받는지 모르기 때문임을 분명히 알아야 합니다. 예수님은 이 땅에서 세상을 개혁하고 개선해서 유토피아를 만들고, 만사형통하게 하고, 자아실현과 꿈을 이루어주려는 목적으로 오신 분이 아닙니다. 우리를 다시 살게 하시려고, 심판에서 구원하시려고 오신 분임을 성경은 증거하고 있습니다.

한번 생각해 보십시오. 온 인류가 다른 것은 안 믿어도, 구원과 심판만 믿어도 오늘날과 같은 세상은 되지 않습니다. 구원과 심판만 인식해도 세상은 더 좋은 세상으로 변해갈 것입니다. 오늘날 현대 과학기술과 문명이 이처럼 발달했는데도 구원과 심판을 알지 못합니다. 코웃음을 칩니다. 알지도 못하고, 믿지도 않습니다. 이러한 세상을 성경은 어둠의 세상이라고, 타락한 세상이라고 말씀합니다. 그것을 증거합니다. 오늘날 많은 교인들조차도 구원을 기뻐하고 찬양하며 구원의 소식을 전하는 것 같지만, 실제로는 심판에 대해 회의적이고 의심하며 믿지 않는 경우가 많습니다. 성경은 명백하게 하나님의 심판을 계시하고 기록합니다. 에덴동산에서부터 요한계시록까지, 어떻게 보면 온통 심판에 대한 메시지입니다. 에덴동산에서 쫓겨나는 사건, 바벨탑의 사건, 노아의 홍수 사건, 이스라엘이 심판받는 수많은 심판의 역사와 사건이 기록되어 있습니다. 계속 심판하시고, 심판을 경고하시며, 말씀대로 심판하십니다. 오늘도 심판을 경고하고 있습니다. 심판이 없다면 구원의 필요성은 없는 것입니다. 이것을 잊어서는 안 됩니다.

그러므로 심판의 필요성을 한번 생각해 봐야 합니다. 인간 사회에 수많은 범죄들이 있습니다. 폭력과 테러와 전쟁과 비방, 중상모략과 불의와 불공정과 부패와 타락이 있습니다. 이를 두고 심판받아야 된다고, 이대로 두면 안 된다고, 심판이 있어야 된다고 말합니다. 심판의 필요성을 말합니다. 하물며 거룩하신 하나님 앞에서이겠습니까! 심판, 마땅히 있어야 하는 것입니다. 그것이 공의이고, 정의입니다. 심판은 반드시 있을 것입니다.

빌리 그레이엄 목사님이 설교 중에 자주 사용하시던 자신의 체험적인 이야기입니다. 목사님이 콜로라도를 방문했을 때 큰 토네이도가 발생했습니다. 미국은 회오리바람으로 인해서 많은 인명피해가 있습니다. 그래서 온 도시에 경고 사이렌이 울렸습니다. 그리고 얼마 후에 정말 토네이도가 왔는데, 이때는 아무도 죽지 않았습니다. 그 이유는 경고 사인을 믿었기 때문입니다. 그래서 그분은 말합니다. 성경은 심판이 있을 것이고, 우리에게 심판이 닥칠 것이라고 말하는데, 도무지 인간들은 믿지 않는다는 것입니다. 성도 여러분, 심판을 의식하며, 준비하며 살아가십니까?

어떤 아이가 강가에서 목욕을 하고 물장난을 하며 놀다가 깊은 데 빠져 죽게 되었습니다. 막 살려달라고 아우성을 치는데, 지나가는 나그네가 이것을 보고 말합니다. "그러게 얘야, 조심하라고 말하지 않았니? 왜 깊은 데로 들어가니? 얕은 곳에서 놀면 되는데? 어른들이 말하는데 왜 그렇게 말을 안 듣니?" 이렇게 막 야단을 치자 아이가 말했답니다. "아저씨, 제발 나를 물에서 먼저 좀 건져주세요. 그리고 나서 야단쳐도 늦지 않잖아요?" 그렇지요. 예수 그리스도의 사건은 바로 이런 것입니다. 우리에게 구원받을 자격이 있는 것이 아닙니다. 너무나 긴급하게 구원의 필요성이 있어서 하나님께서 아들을 보내신 것입니다. 그런데 인간은 구원의 필요성을, 그 긴급함과 절박성을 알지 못합니다. 이것이 불행이요, 비극입니다.

세상을 이처럼 사랑하사

오늘 성경에 "하나님이 세상을 이처럼 사랑하사"(God so loved the world)라는 위대한 복음이 선포되어 있습니다. "세상을 이처럼 사랑하사." 하나님의 마음이며, 성품이 계시되어 있는 것입니다. 어두운 세상입니다. 타락한 세상입니다. 구원의 필요성을 알지 못하는 세상입니다. 심판을 믿지 않는 불신앙의 세대입니다. 그럼에도 불구하고 하나님께서 이처럼 사랑하신다는 것은 위대한 복음입니다. 그 안에 나의 존재가 있습니다. 그래서 하나님께서 예수 그리스도를 이 땅에 보내셨습니다. 이것이 성육신의 목적입니다. 구원하시려고, 예수 그리스도 안에서 영생을 주시려고 오셨습니다. 하나님의 구원의 역사이며, 하나님의 구원의 목적입니다. 하나님은 심판하기를 기뻐하지 않으십니다. 사랑의 하나님이십니다. 아가페의 하나님이십니다. 그래서 17절에 명백하게 이렇게 기록합니다. "하나님이 그 아들을 세상에 보내신 것은 세상을 심판하려 하심이 아니요 그로 말미암아 세상이 구원을 받게 하려 하심이라."

이 위대한 복음, 그 사건에도 불구하고 인류는 믿지 않습니다. 하나님을 떠납니다. 예수 그리스도가 오셨음에도 불구하고 구원의 필요성을 알지 못합니다. 심판을 두려워하지 않습니다. 하나님을 경외하지 않습니다. 하나님께 불순종합니다. 하나님은 이러한 세상을 어둠의 세상이라고 말씀하십니다. 이런 인류를 진노의 자녀라고 합니다. 심판의 대상입니다. 이대로 멸망할 것입니다. 성경은 그것을 말씀합니다. 그럼에도 불구하고 성경은 또한 말씀합니다. "하나님이 세상을 이처럼 사랑하사." 그 증거가 예수 그리스도의 사건입니다. 이런 하나님의 성품, 하나님의 역사, 하나님의 마음이 명백하게 계시되었음에도 불구하고 인류는 받아들이지 않습니다. 하나님은 정말 모든 인간이 구원받기를 원하시는데, 인간 스스로가 듣지를 않습니다. 예수님을 영접하지 않습니다. 심판을 두려워하지 않습니다.

자, 어떻습니까? 심판이 닥쳐오는데, 하나님의 마음이 어떻겠습니까? 얼마나 안타까워하시며, 얼마나 불쌍히 여기시겠습니까? 얼마나 애통해하시겠습니까? 그런데도 불신앙의 사람들은 하나님을 알지 못합니다. 성도 여러분, 성경에 왜 이렇게 심판에 대한 내용이 많습니까? 왜 이렇게 많은 경고가 있습니까? 그 답이 이것입니다. "하나님이 세상을 이처럼 사랑하사." 심판의 목적이 아닙니다. 구원받게 하려는데, 경고 사이렌을 듣지 않는 것입니다. 계속해서 심판의 사건이 나타나고 있지만 듣지 않습니다. 오늘 세상에 수많은 현재적 심판이 있습니다. 모든 것이 인간의 죄의 결과지만, 하나님의 섭리 가운데 현재 심판이 있습니다. 그리고 그 속에서 말씀하십니다. "깨어 기도하라. 내게 돌아오라." 그러나 듣지 않는 것입니다. 최근 발생한 코로나19와 같은 전염병, 하나님의 섭리 가운데 있는 죄의 결과지만 또한 하나님의 심판입니다. 그 속에서 말씀하십니다. "더욱 큰 심판을 두려워하라. 깨어 기도하라."

하나님이 심판하시는 이유

오늘 본문 19절 말씀에 귀를 기울이시기 바랍니다. "그 정죄는 이것이니 곧 빛이 세상에 왔으되 사람들이 자기 행위가 악하므로 빛보다 어둠을 더 사랑하는 것이니라." 하나님이 심판하실 수밖에 없는 이유를, 인류가 심판을 받을 수밖에 없는 이유를 명백히 계시하십니다. 그 정죄는, 그 심판은 이것입니다. 먼저는 독생자 예수를 믿지 않기 때문입니다. 빛이 세상에 왔지만 믿지 않습니다. 오셔서 영생을 주시는 데도 그렇습니다. 이 은혜의 선물에는 요구가 없습니다. 그냥 주신다고 하시는데, 그럼에도 이 위대한 선물을 싫다고 합니다. 믿지도 않고, 받지도 않습니다. 하나님을 업신여깁니다. 예수 그리스도를 믿지 않는 것은 하나님을 믿지 않는 것입니다. 하나님을 모욕하는 것입니다. 하나님을 경외하지 않는 것입니다. 하나님께 불순종하는 것입니다. 하나님의 사랑을 믿지 않는 것입니다. 독생자를 보내셨는데도, 십자가에 죽으신 그 사건을 알면서도 믿지 않는 것입니다. 이것이 인류의 상태입니다. 하나님이 행하시는 일에 반응하는 그 마음과 태도와 삶을 생각해 보십시오. 그 자체가 불신앙입니다. 성경은 말씀합니다. "벌써 심판을 받은 것이니라." 하나님의 심판이 어디 있습니까? 벌써 심판을 받은 것이라고 합니다. 그 마음이 완악한 것입니다. 하나님께서 그냥 내버려두십니다. 더 이상 보호하지 않으십니다. 그래서 수많은 심판의 사건들로 인해 고통 중에서 행하며, 멸망할 수밖에 없는 것입니다.

또 다른 이유는 빛이 세상에 왔지만 받아들이지 않기 때문입니다. 이미 왔습니다. 메시아가 오셨습니다. 세상의 구주가 오셨습니다. 그런데 받아들이지 않고, 또 다른 메시아와 구주를 기다립니다. 항상 새로운 것을 추구합니다. 이것이 인류의 역사입니다. 이스라엘을 보십시오. 하나님의 민족이라고 하면서도 이미 오셨다는데, 아직도 메시아를 기다립니다, 그래서 심판받는 것입니다. 이슬람도 이미 오신 구주를 거절하고, 마호메트를 새로운 구주로 이해합니다. 이렇게 어리석은 일이 어디 있습니까? 이 세상은 계속해서 새로운 것을 추구합니다. 새로운 영웅, 새로운 인물, 새로운 지식, 그리고 신비주의에 빠져버립니다. 참으로 어리석은 일입니다. 성도 여러분, 예수 그리스도 안에 빛이 왔습니다. 충만한 빛이 왔습니다. 인간에게 필요한 모든 충만한 역사가 왔습니다. 이것을 믿는 자가 그리스도인입니다. 그 안에 은혜와 사랑과 평강과 안식과 기쁨이 충만히 나타났습니다. 의와 복과 하나님 자신이, 그 영광이 충만히 나타났습니다. 그것을 믿는 자가 구원받은 자입니다. 그 안에서 만족하는 것입니다. 그것을 기뻐하는 자가 구원받은 자입니다.

또 다른 심판의 이유를 성경은 말씀합니다. "어둠을 더 사랑한 것이니라." 빛보다 어둠을 더 사랑하는 것이 악입니다. 그것이 죄입니다. 이것이 인간의 본성이며, 타락한 마음입니다. 인간의 탐심과 정욕이 어둠을 더 사랑한 증거입니다. 세상의 것이 내 것이 되어야 하고, 거기에 행복이 있다고 믿습니다. 어둠을 더 사랑하는 것입니다.

한번 생각해 보십시오. 세상 안에서의 기쁨과 행복이 더 즐거워 아직 구원받지 못한 것입니다. 어둠을 더 사랑하는 것입니다. 위선적인 것입니다. 그래서 세상에서 성공하려고 하고, 성공 지향적인 삶을 살아갑니다. 부와 명예와 권력을 얻으려고 합니다. 거기에서 행복과 기쁨을 찾습니다. "어둠을 더 사랑하느니라." 빛이 왔는데, 빛보다 어둠에 더 끌려갑니다. 오늘의 인간 상태를 말합니다. 그래서 결국 하나님보다 내가 더 우선됩니다. 나를 더 사랑합니다. 하나님의 나라보다 세상을 더 사랑합니다. 천국보다 세상을 더 좋아합니다. 구원받지 못한 것입니다.

이 말씀을 깊이 보면 결국은 사랑의 문제임을 알 수 있습니다. 인간이 끌어가는 기쁨과 만족과 행복, 그 모든 욕구가 이 사랑에서 나오는 것이기 때문입니다. 그런데 그 사랑이 병들었습니다. 하나님보다 어둠을 더 사랑한 것, 하나님보다 하나님이 아닌 무엇을 더 사랑하는 것입니다. 그 모든 것이 죄입니다. 이기적인 사랑입니다. 대표적인 사람들이 바리새인입니다. 그들은 하나님을 사랑한다고, 하나님의 백성이라고 말합니다. 실제로 그들은 역사상에서 가장 도덕적인 삶을 살았습니다. 그러나 예수님께서 "독사의 자식들아!"라고 말씀하십니다. 그들의 마음과 중심이 그렇지 않기 때문입니다. 그들은 하나님보다 자신을 더 사랑하고, 빛보다 어둠을 더 사랑합니다. 그런데도 아닌 척 행동하며, 위선적인 삶을 살아갑니다. 하나님을 욕되게 합니다. 그래서 예수님께서 분노하십니다.

빛으로 나오지 못하는 이유

성도 여러분, 다윗의 참회가 그것입니다. 왜 다윗이 위대한 왕입니까? 시편 51편을 한번 생각해 보십시오. 그는 어머니 뱃속에서 출생할 때부터 죄인이라고, 죄 중에 출생했다며 이렇게 고백합니다. "내가 주께만 범죄하여 주의 목전에 악을 행하였사오니"(시 51:4). 이게 무슨 뜻입니까? 평소에 자신은 하나님의 자녀요, 위대한 왕이요, 훌륭한 신앙인이라고 생각했습니다. 그런데 결정적인 밧세바 사건을 통해서 큰 죄를 짓고 보니, 지금 그 죄가 문제가 아닙니다. 성령 충만하여 들여다보니, 온통 죄 덩어리인데 남이 보기에는 위대한 왕입니다. 수양을 많이 한 사람이라고 스스로 그렇게 속고 살았던 것임을, 깊이 살펴보니 온통 어둠임을, 어둠을 더 사랑했음을 회개합니다. 그리고 하나님께 간절히 기도합니다. "주여, 정한 마음을, 정직한 영을 내게 창조해 주소서. 애초에 그런 마음이 나는 없었나이다." 그 애통하는 기도를, 회개를 하나님께서 기뻐하십니다. 위대한 하나님의 사람, 다윗이 됩니다. 그 사람이 구원받은 그리스도인입니다.

오늘 성경에 어둠을 더 사랑한다는 표현을 이렇게까지 하나님은 말씀하십니다. "그 행위가 드러날까 함이니라." 빛으로 와야 되는데 안 오는 이유가 바로 어둠이 드러날 것이 두려워서입니다. 위선입니다. 숨겨진 죄가 드러날까 봐 그런 것입니다. 하나님 앞에서 숨겨진 위선이, 내가 변명하고 합리화했던 것들이 드러날까 봐 빛으로 오지 않습니다. 이것이 악하다는 것입니다. 성도 여러분, 복음의 빛 앞에서, 하나님의 은혜의 빛 앞에서 진실하게 한번 생각해 보십시오. 온통 두려움뿐입니다. 그러면 회개해야 되는데, 회개하지도 또 믿지도 않습니다. 성경은 말씀합니다. "벌써 심판받았느니라."

성도 여러분, 어떻게 해야 이 무서운 상태에서 벗어날 수 있습니까? 이 참혹한 심판에서, 정죄에서 자유해질 수 있는 것입니까? 어떻게 해야 이러한 문제를 극복하고 해결할 수 있습니까? 예수 그리스도가 그 답입니다. "하나님이 세상을 이처럼 사랑하사 독생자를 주셨다." 세상에 구주를 주셨습니다. 그를 믿는 자마다 영생을 얻을 것이요, 구원을 받을 것이요, 그를 믿을 때 회개와 믿음으로 정직한 심령을 갖게 되며, 하나님 앞에 돌아오게 됩니다. 오직 그 안에서만 영생을 받을 수 있습니다. 그것이 구원입니다. 인간의 힘으로는 안 됩니다. 아무리 내가 도덕적인 삶을 살고, 착하게 살고, 선행을 많이 했다 한들 하나님 앞에서는 아무것도 아닙니다. 어느 날 내 안에 있는 어둠만이 나타날 뿐입니다. 아무리 착하게 살아도 영생이 없습니다. 영생이 뭔지를 모릅니다. 이는 하나님의 일입니다. 그래서 구원은 오직 하나님께 속하였다고 성경은 말씀합니다. 영생을 받아야 됩니다. 그 영생이 아니면 하나님의 자녀로 오늘을 살아갈 수 없습니다.

영 주도적인 삶을 사는 것

성도 여러분, 더 이상 무엇을 하는 척하지 마십시오. 사람 앞에서는 통해도 하나님 앞에서는 구원받은 척, 하나님의 자녀인 척하는 것은 아무 의미가 없습니다. 사건이 내 안에 있어야 됩니다. 내 안에 영생의 사건이 체험되고 확증되어야 합니다. 구원과 심판의 기준은 인간의 의가 아니라 하나님의 의입니다. 의의 심판이 있을 것입니다. 그래서 오직 십자가의 복음으로 우리는 구원받습니다. 그 안에 나타난 하나님의 의를 믿고 받음으로 하나님의 자녀가 됩니다. 십자가의 복음 안에 약속된 영생을 받음으로 구원받습니다. 하나님에 의하여 새 사람으로 창조되어야 합니다. 그 영생 안에 하나님의 의가 있고, 평강이 있고, 은혜가 있고, 기쁨이 있고, 지혜가 있고, 능력이 있고, 영광이 있고, 하나님 자신이 나타나 있습니다.

오래전에 있었던 일입니다. 유명한 신학자 한스 큉이 20세기의 위대한 신학자 칼 바르트를 위한 추도사에서 과거에 자신이 경험했던 토론회를 기억하며 소개했습니다. 이 토론회의 마지막 부분에 한스 큉은 사람들 앞에서 바르트를 향해 이렇게 말했다고 합니다. "당신은 참 위대한 신앙, 참으로 좋은 신앙을 가진 분입니다." 그러자 칼 바르트가 이렇게 담담하게 대답했다고 합니다. "그래서 나를 좋은 신앙인이라고 평가하시는 것입니까? 나는 한 번도 나 자신의 신앙이 좋다고 생각해 본 적이 없습니다. 먼 훗날 우리 주님 앞에 서게 되는 날 나는 『교회 교의학』 한 묶음을 등에 지고 가겠지만, 차마 나의 행실들은 도저히 가져갈 수 없을 것입니다. 거기 있는 모든 천사들이 나를 보며 비웃겠지요. 그러면 언제나 잘도 그랬던 것처럼 아무 말 하지 않으며, 신앙이 좋다는 것을 드러 내 보일까요? 아닙니다. 결코 그럴 수 없습니다. 그날 나는 오직 한마디 말밖에는 할 수 없을 것입니다. 주님, 이 죄인에게 자비를 베푸소서. 주님, 긍휼을 베푸소서."

성도 여러분, 구원은 오직 하나님께 있습니다. 구원받은 자는 죄와 사망과 사탄과 세상과 율법으로부터 승리한 사람입니다. 이 땅에서 승리의 삶을 살아가야 합니다. 그 비결은 오직 영생입니다. 영생을 가진 자로 영에 이끌리어 살아갈 때 영 주도적인 삶을 살며, 영생의 삶을 통하여 승리하게 됩니다. 그 사람에게는 어떤 재난도, 시련도, 심판도, 죽음까지도 더 이상 두려움과 절망이 아닙니다. 그 속에서 하나님의 말씀을 듣습니다. 하나님의 구원의 역사를 봅니다. 오직 소망 가운데에 초연한 승리자의 삶을 살아가게 됩니다. 그것이 스데반입니다. 돌에 맞아 죽어가며 순교할 때, 그 박해 중에 천사의 얼굴을 하고 하나님을 향하여, 천국을 향하여 승리자의 모습을 보였습니다.

성도 여러분, 모든 인류는 원하든 원치 않든 최후의 심판대 앞에 서야 합니다. 최후의 심판을 향하여 나아가는 존재입니다. 이 사실을 오직 구원의 확신을 가지고 복음의 증인으로 담대히 선포하며 말해야 합니다. 그리고 생명의 주인이신 예수 그리스도와 연합하여 믿음으로 예수 그리스도를 따르는 삶을 살아갈 때 우리 안에 하나님의 사랑이 확증되고, 구원과 심판에 대한 확신 속에 구원의 소식을 기뻐하며, 하나님 중심의 삶을 살며, 하나님께 영광 돌리는 삶을 살아가게 될 것입니다.

기도

전지전능하신 하나님, 하나님이 보시기에 이처럼 패역하고, 어둠이 가득한 세상이지만 이처럼 사랑하시사 독생자를 보내주시고, 예수 그리스도 안에서 영생을 선물로 주시어 이제야 비로소 영생의 빛 아래서 주의 구원과 심판을 보며, 믿으며, 증거하며 살게 해주심을 진심으로 감사드립니다. 그러나 또다시 복음의 위대함을 망각하고, 복음의 역사를 인식하지 못하여 세상 풍조에 휩쓸리어 세상에 지며, 세상에 동화되며, 두려움과 절망과 근심 중에 살아가는 나 자신을 발견하는 이 미련함을 용서하여 주시옵소서. 성령이시여, 우리 안에 영생의 삶이 시작되었고, 그 영생의 빛이 우리를 주도하여 그리스도를 아는 지식의 충만함이 이르게 하며, 주와 동행하며, 주와 교제하며, 하나님의 사랑을 확증하며, 하나님의 사람으로 승리케 하심을 확신하며, 체험하며, 이 위대한 복음의 증인으로 승리할 수 있도록 함께하여 주시옵소서. 우리 주 예수 그리스도의 이름으로 간절히 기도드리옵나이다. 아멘.

03

———

거
듭
난 사
람

예수께서 대답하여 이르시되 진실로 진실로 네게 이르노니 사람이 거듭나지 아니하면 하나님의 나라를 볼 수 없느니라 니고데모가 이르되 사람이 늙으면 어떻게 날 수 있사옵나이까 두 번째 모태에 들어갔다가 날 수 있사옵나이까 예수께서 대답하시되 진실로 진실로 네게 이르노니 사람이 물과 성령으로 나지 아니하면 하나님의 나라에 들어갈 수 없느니라 육으로 난 것은 육이요 영으로 난 것은 영이니 내가 네게 거듭나야 하겠다 하는 말을 놀랍게 여기지 말라 바람이 임의로 불매 네가 그 소리는 들어도 어디서 와서 어디로 가는지 알지 못하나니 성령으로 난 사람도 다 그러하니라

— 요한복음 3:3-8

거듭난 사람

찬송가 488장 '이 몸의 소망 무언가'를 작시한 에드워드 모트의 일화를 전해드리겠습니다. 그는 어린 시절 가난했기 때문에 학교를 다니지 못했습니다. 그리고 술주정뱅이들을 쉽게 볼 수 있는 영국 런던의 뒷골목에서 살았습니다. 사춘기를 이기지 못해서 집을 뛰쳐나간 그는 어린 시절 허랑방탕한, 아주 힘든 시간을 보내게 됩니다. 그래도 미래를 위해 기술을 익혀 직업을 가져 먹고 살아야겠다고 생각하고 여러 곳을 전전합니다. 그러다가 가구공장에 들어갑니다. 가구공장의 주인아저씨가 아주 따뜻한 마음으로 친절을 베풀어 이 소년의 마음이 열렸기 때문입니다.

어느 주일 아침, 주인아저씨가 그에게 교회에 가자고 했습니다. 이전 같았으면 "안 가요!" 하고 거절했겠지만, 그날은 교회로 따라갔습니다. 그날 존 하얏트 목사님이 요한복음 3장을 중심으로 영원하고 완전한 행복을 원하면 하나님을 주인으로 삼으라는 메시지를 전했는데, 그 말씀이 그의 마음을 강하게 두드리고 깨뜨렸습니다. 항상 반항감과 부정적인 생각을 갖고 살던 모트는 그날 이후로 기쁨을 회복하고, 소망 있는 삶을 살아가게 됩니다. 그리고 어느 날, 모든 사람에게 자신의 체험을 말해 주고 싶은 강한 욕망을 느꼈습니다. 그런데 용기가 없어서, 또 전할 사람도 마땅치 않아서 공장 뒤편 커다란 바위 위로 올라가 크게 소리칩니다. "굳건하신, 반석이신 그리스도 위에 내가 서리니, 다른 모든 터는 가라앉은 모래라." 훗날 이 선언이 찬송가의 가사가 됩니다.

그는 37년간 가구공장에서 기술자로 일하다가, 55세 때 목회자가 되고, 21년간 강단에서 하나님의 복음을 선포하다가 생을 마감합니다. 그는 그때의 경험을 이렇게 기록했습니다. "그때 내 영혼이 거듭나자마자 내 눈동자는 내 생애 처음으로 생기를 되찾았고, 내 마음에는 생수가 솟아나기 시작했다. 그리고 목공소에서 내가 들고 있는 이 망치는 음악을 연주하기 시작했다."

거듭남의 중요성

성도 여러분, 거듭남의 역사를 얼마나 믿고 확신하며 오늘을 살아가십니까? 과연 여러분은 거듭난 사람입니까? 만일 그렇다면 거듭남의 인생은 어떤 것입니까? 오늘날 거듭남에 대해서 너무나 많은 사람이 모호한 이해를 갖고 있으며, 추상적으로 여기며, 무감각한 상태로 살아갑니다. 교인들조차 거듭남을 추상화하며, 잘못된 신앙생활을 하는 것을 많이 봅니다. 그러나 성경은 말씀합니다. "그리스도인이 누구냐? 거듭난 사람이다. 누가 천국에 들어가느냐? 거듭난 사람이다." 이를 잊어서는 안 됩니다.

18세기 영국에서 대부흥을 주도했던 위대한 설교가 조지 횟필드 목사님의 유명한 일화입니다. 목사님은 요한복음 3장을 중심으로 거듭남이라는 주제의 메시지를 1,000번 이상 설교했습니다. 언젠가 한 사람이 아주 불만스러운 표정으로 물었습니다. "목사님, 목사님은 왜 거듭나지 아니하면 하나님 나라를 볼 수 없다는 이 성경 말씀을 주제로 그렇게 많이 설교하십니까? 다른 성경 말씀도 많은데요?" 그때 목사님은 그의 얼굴을 쳐다보며 이렇게 말했답니다. "당신이 거듭나야 하기 때문이오." 성도 여러분, 이 거듭남의 중요성을 인식하며 오늘을 살아가야 합니다.

거듭남은 영어로 'born again', '다시 태어났다'는 뜻입니다. 또는 'regeneration', '중생'이라고 표현합니다. 거듭남은 기독교 안에서 가장 본질적인 메시지이며 사건입니다. 이것을 잊어서는 안 됩니다. 왜냐하면 거듭나지 못하면 하나님의 자녀가 될 수도 없고, 천국에 들어가지도 못합니다. 거듭나지 못하면 아무리 열심히 도덕적인 신앙생활을 한다 하더라도 한낱 종교인으로 끝나고 맙니다. 예수님께서 전하신 복음은 하나님 나라였습니다. 하나님 나라의 복음을 전하셨습니다. 부활하신 후에도 하나님 나라의 복음을 전하셨습니다. "The Kingdom of God has come near." 곧 "하나님 나라가 도래했다. 하나님 나라가 가까이 왔느니라." 예수님이 전하신 하나님 나라, 그것은 인생의 모든 문제의 해결책이기 때문입니다. 세상 모든 문제들의 해결책으로 하나님이 주신 메시지이기 때문입니다. 세상의 모든 문제의 근원인 죄와 사망과 사탄의 권세와 세상과 율법에 대한 해결책이 하나님 나라입니다. 정말 복음을, 하나님 나라를 믿는다면 우리 모두의 소원은 하나님 나라 안에 있게 됩니다. 하나님 나라가 왔는데 하나님 나라의 백성이 되지 못하면 이보다 더 큰 비극은 없습니다. 하나님 나라에 들어가는 것이 우리의 가장 큰 소원입니다. 하나님 나라에 들어가지 못하면 결국 심판에 이르게 됩니다. 이것이 성경 전체의 메시지입니다. 하나님의 진노 아래 있다가 결국 멸망할 것이기 때문입니다. 그래서 이 멸망을 피하고 심판을 벗어나기 위해서는 하나님 나라에 들어가야 됩니다.

그러면 어떻게 하나님 나라에 들어갈 수 있습니까? 성경은 답합니다. "거듭나야 하느니라." 이것을 잊어서는 안 됩니다. 거듭남이 중요합니다. 하나님 나라에 들어가는 유일한 길은 거듭나는 것입니다. 이는 절대 진리입니다. 어떤 할머니가 손자 둘을 데리고 길을 가고 있었습니다. 그런데 이 할머니의 친구가 그 모습을 보고 물었습니다. "이 아이들이 몇 살이야?" 할머니가 이렇게 대답했습니다. "의사 될 애는 다섯 살이고, 변호사 될 애는 일곱 살이야." 성도 여러분, 거듭나지 못하면 변호사든 의사든 아무 소용이 없습니다. 정말 하나님 나라를 믿는다면, 예수 그리스도를 믿는다면 우리의 소원은 거듭남에 있어야 합니다. 특별히 자녀들을 위하여 거듭남에 있어야 됩니다. 그렇지 못하면 아무것도 아닙니다.

교회의 본질인 거듭남

교회의 본질 또한 거듭남입니다. 거듭남의 역사가 없는 곳은 종교기관이지 교회가 아닙니다. 교회란 거듭남이 일어나는 곳입니다. 거듭난 자들이 모이는 곳이며, 거듭난 자들이 예배드리는 곳입니다. 이것을 잊어서는 안 됩니다. 역사 안에 있는 모든 하나님의 교회들의 공통점은 거듭남입니다. 거듭남의 역사의 중요성을 항상 인식해야 합니다. 오늘 우리에게 주시는 하나님의 말씀이 3절에 기록되어 있습니다. "예수께서 대답하여 이르시되 진실로 진실로 네게 이르노니 사람이 거듭나지 아니하면 하나님의 나라를 볼 수 없느니라." 거듭나지 아니하면 하나님 나라를 볼 수 없습니다. 다시 말하면, 거듭나지 아니하면 하나님 나라에 들어가기는커녕, 하나님 나라를 볼 수도 없습니다. 하나님 나라 주변을 맴돌 뿐, 하나님 나라 백성이 될 수는 없습니다. 거듭나지 아니하면 아무것도 아닙니다.

당시 유대인들은 선민의식을 가지고 '우리는 하나님의 자녀다. 하나님 나라의 백성이다'라고 확신하며 살았습니다. 그런데 예수님께서 그들에게 이렇게 말씀하십니다. "거듭나지 아니하면 하나님의 자녀가 되지도 못하고, 하나님 나라에 들어가지도 못하며, 볼 수도 없다." 다시 되물으시며 말씀하십니다. "네가 정말 거듭났느냐? 당신들이 정말 거듭난 사람이냐? 정말 거듭났기에 하나님의 자녀라고 확신하며 살아가는 것이냐?" 왜냐하면 거듭나지 못하면 천국에 들어가지 못하기 때문입니다. 이 말씀에 그들은 충격을 받습니다. 그 충격 속에서 회개하지 아니하고 오히려 예수님을 비방합니다. 그리고 결국 예수님을 죽이게 됩니다. 오늘도 예수님께서 물으실 것입니다. 스스로 자신이 구원받은 자라고, 하나님의 자녀라고 하는 모든 사람들에게 묻고 계십니다. "당신은 정말 거듭난 사람인가?" 여러분은 정말 거듭난 사람입니까? 진실하게 묻고 대답해야 할 것입니다.

신비로운 사건인 거듭남

오늘 본문에 등장하는 니고데모는 이스라엘의 선생입니다. 예수님께서 인정하신 사람입니다. 바리새인 중의 바리새인이요, 종교 지도자입니다. 그는 평생 성경을 연구하고 가르쳤습니다. 스스로 하나님 나라의 백성임을 확신하고 살았습니다. 그런데 예수님께서 말씀하십니다. "거듭나지 아니하면 천국에 들어가지 못하느니라. 볼 수도 없느니라. 너는 무슨 근거로 네가 하나님의 자녀라고 생각한 것이냐? 너는 정말 거듭난 사람이냐?" 그가 이 말씀에 충격을 받습니다. 너무 충격을 받아서, "아니, 어떻게 사람이 어머니 뱃속으로 다시 들어갔다가 나올 수 있습니까?"라고 묻습니다. 한마디로 무지합니다. 평생 성경을 연구하고 가르쳤지만, 하나님의 자녀가 누구인지, 거듭남이 무엇인지 알지 못했습니다. 한마디로 엉터리였습니다. 그 자신이 충격을 받습니다. 그래서 예수님께서 7절에서 이렇게 위로하시며 말씀하십니다. "내가 네게 거듭나야 하겠다고 하는 말을 놀랍게 여기지 말라." 너무나 놀라서 충격을 받으니 너무 놀랍게 여기지 말고 말씀을 들으라고 하신 것입니다.

인도의 성자로 불리는 간디의 유명한 선언입니다. "여러 종교는 한 지점에서 만나는 여러 길과 같다. 어차피 모두 같은 목적지에 이를 텐데 다른 길로 간들 무슨 상관이 있는가." 20세기 최고의 성자로 칭송받고, 종교 지도자와 도덕적인 인물로 평가되지만 그는 거듭남을 알지 못하는 사람입니다. 예수님을 알지 못하는 사람입니다. 예수님에 관한 지식은 가졌지만, 하나님 나라를 알지 못하는 영적 무지, 무감각 속에 살아가는 사람입니다. 모든 종교가 오늘날 거듭남을 강조합니다. 사람이 개선되고 변화해서 새 사람이 되어야 합니다. 더더욱 훌륭한 도덕적 인간이 되어야 합니다. 이처럼 거듭남을 강조하지만, 기독교에서 말하는 거듭남은 그런 차원이 아닙니다. 무엇이 다른지 분명히 구별해야 합니다.

성도 여러분, 거듭남, 곧 'born again'이 무엇입니까? 성경은 무엇이라고 말씀합니까? 여러분은 무엇이라고 알고 확신하며 오늘을 살아가십니까? 거듭남은 가장 본질적인 사건입니다. 이는 추상적인 진리가 아닙니다. 가장 본질적 사건으로 내 안에 체험되는 사건이며, 내 안에 표지로 남는 그 무엇입니다. 그것을 분명히 알아야 합니다. 거듭남은 새 생명의 출생입니다. 그래서 'born again'이라고 말합니다. 이것은 어떤 사람이 개선되어 더 나은 사람이 되는 것을 말하는 것이 아닙니다. 그래봐야 육신의 생명의 개선일 뿐입니다. 성경은 말씀합니다. "새로운 피조물이다. 새 사람이 되었도다." 완전히 새로운 창조를 말씀하고 있습니다. 동시에 특정한 소수에게만 필요한 무엇이 아닙니다. 망가진 사람들에게만 필요한 무엇도 아닙니다. 이것은 믿는 자 모두에게 반드시 필요한 그 무엇입니다. 믿는 자 누구에게나 주어지는 보편적인 은총입니다.

또한 거듭남은 이성적 한계를 넘어서 있는 신비입니다. 그래서 이성적으로는 이해되지 않고, 볼 수 없습니다. 신비 자체입니다. 그러나 그 신비한 사건의 결과는 알 수 있습니다. 그래서 예수님께서 8절에서 이렇게 말씀하십니다. "바람이 임의로 불매 네가 그 소리를 들어도 어디로 와서 어디로 가는

지 알지 못하나니 성령으로 난 사람도 다 그러하니라." 거듭
난 사건은 바람이 부는 것처럼 어디로 와서 어디로 가는지 알
지 못하는 사건이며, 신비로운 사건입니다. 그러나 느낄 수
있습니다. 바람을 느낄 수 있습니다. 바람의 사건을 알 수 있
습니다. 체험할 수 있습니다. "모든 거듭난 사람들이 다 그러
하니라"고 말씀해 주십니다. 그리고 거듭남이란 무엇보다도
내 안에 일어난 사건이 체험된 명백한 표지로 남습니다. 그러
므로 내가 거듭났는지를 분명히 확인해야 합니다. 추상적으
로 나는 거듭난 사람이며 하나님의 자녀라고 말할 것이 아닙
니다. 명백하게 확인해야 합니다. 그리고 그 사실을 확신하며
오늘을 살아가야 합니다.

그리고 이 거듭남이란 오직 하나님에 의해 이루어지는 사
건입니다. 인간의 결단과 열심과 능력으로 되지 않습니다.
"나 이제부터 예수 믿을 거야. 교회 열심히 다니고, 열심히 봉
사할 거야." 이렇게 말하고 노력한다고 해서 이루어지는 문
제가 아닙니다. "주여! 주여!" 이렇게 외쳐서 될 문제도 아닙
니다. 하나님께서 하시는 일입니다. 오직 성령의 역사로 이
루어지는 사건입니다. 거듭남이란, 결국 새 생명을 말합니
다. 다시 말해서 'eternal Life', '영생'을 의미합니다. 하나님이
사시는 영원한 생명이 우리 안에 주어지는 사건을 말합니다.

성도 여러분, 정말 영생을 가졌고, 이 땅에서 영생을 가진 자로 살아가고 있습니까? 영생의 복음을 기록한 요한복음 3장 16절은 말씀합니다. "하나님이 세상을 이처럼 사랑하사 독생자를 주셨으니 이는 그를 믿는 자마다 멸망하지 않고 영생을 얻게 하려 하심이니라." 이 영생의 비밀, 영생의 복음, 복음의 진수를 예수님께서 니고데모에게 주셨습니다. 거듭남을 알지 못하고 스스로 하나님 나라의 백성이라고 생각하고 있던 그에게, 거듭남의 역사가 무엇인지 알지 못하는 그에게 가장 명확하고 구체적으로 설명하신 용어가 영생입니다.

하나님 나라와 영생

성도 여러분, 하나님 나라와 영생을 생각해 볼 필요가 있습니다. 하나님 나라와 영생은 동의어입니다. 의미상 그렇습니다. 예수님께서는 이 두 용어를 다 사용하셨습니다. 강조점이 다릅니다. 그런데 복음서의 기록을 보면 마태, 마가, 누가복음은 '하나님 나라'라는 용어를 사용합니다. 그렇게 기록됩니다. 가장 늦게 기록된 복음서가 요한복음입니다. 이것은 이스라엘의 멸망 이후에 기록됩니다. 그 상황을 생각해 보십시오. 이스라엘이 멸망했고, 유대 민족이 흩어집니다. 많은 기독교인들이 흩어지게 됩니다. 물론 이방 사람들이 믿었지만, 그들과 함께 신앙생활을 하는데 엄청나게 무서운 핍박이 가해집니다. 1세기 말에 그런 사건이 일어납니다. 교인들이 하나님 나라를 이해하는 데 있어 불확실성이 생겼습니다. 그리고 믿음이 흔들리며, 그 시련 속에서 좌절하고 절망하며 두려움 속에 살아갑니다. 이제 성령께서 사도 요한을 택하여 하나님 나라 복음의 마지막 궁극적 계시를 구체적으로 주십니다. 그것이 영생입니다.

하나님 나라는 객관적인 무엇입니다. 우리가 하나님 나라에 들어가야 됩니다. 그러나 영생은 내 안에서 일어납니다. 막연한 것이 아닌 주관적인 것입니다. 이 영생을 알고, 내가 하나님 나라의 백성 되었음을 알고, 이 영생의 삶을 통하여 절망하지 말고, 소망 중에 기쁨으로 하나님께 감사하며, 하나님을 찬양하며, 복음의 증인으로 살라고 기록된 것이 요한복음과 요한의 서신들입니다. 그래서 요한복음의 기록 목적이 20장 31절에 이렇게 기록되어 있습니다. "예수님을 믿고 그로 말미암아 생명을 얻게 하려 함이라." 이것이 명백한 요한복음 기록의 목적입니다. 그것이 영생입니다. 다시 말해서 거듭남, 영생은 요한에 의해서 요한복음에 기록된 최종 계시입니다. 하나님 나라에 대한 최종 계시요 거듭남이란, 영생을 소유하고 영생의 삶을 살아가는 구체적인 역사를 말합니다.

성도 여러분, 거듭남의 결과는 무엇입니까? 영생이 내 안에 있을 때 무엇이 발생합니까? 어떻게 내가 변화되며 또 명백한 표지를 가질 수 있는 것입니까? 성경은 답합니다. 먼저 예수님과의 관계가 분명해집니다. 예수님이 정말 우리의 주가 되십니다. 말뿐 아니라, 내 안에 삶의 주인이 되시고 주가 되십니다. 나는 주를 따르는 사람이 됩니다. 그래서 자기를 부인하게 됩니다. 종교에서는 자아를 내려놓고 스스로 무엇인가 내려놓는 것을 많이 표현합니다. "내려놓겠습니다." 내려놓긴 무엇을 내려놓습니까? 복음은 그것이 아닙니다. 내려놓으려고 일부러 애쓸 것이 없습니다. 정말 예수님이 주가 되시면 자기를 부인하게 됩니다. 정말 예수님이 나한테 주가 되시면 자아를 버리게 됩니다. 그런데 오늘날 기독교 안에 자아실현을 하려고 합니다. 예수 믿고 자아실현하고 내 꿈을 이루는 것은 기독교가 아닙니다. 애초에 거듭나지 못한 것입니다. 열심만 있는 것입니다. 이것을 분명히 알아야 합니다. 정말 예수가 내게 주가 되시면 자원하는 심령으로 예수님을 따르는 삶을 살게 됩니다. 예수님의 관점으로 살고, 예수님의 지식으로 살고, 예수님의 마음을 본받는 자로 살아가게 됩니다.

또한 거듭남의 결과로 성령에 대한 인식이 변합니다. 추상적인 것이 아닙니다. 성령께서 정말 살아 계시고, 성령의 역사가 있음을 믿게 됩니다. 성령께 삶을 의탁하게 됩니다. 왜냐하면 성령의 역사로 내가 거듭났기 때문입니다. 거듭나기전에는 성령의 역사가 추상적이었습니다. 그런데 이제는 매일매일, 매시간 성령으로 기도하고, 성령께 삶을 의존하게 됩니다. 한마디로, 성령의 사람으로 변해가는 나를 보게 됩니다. 거듭남의 결과는 영의 생각으로 충만하게 됩니다. 거듭나기 이전에는 계속 육신의 생각으로 가득 찼습니다. 육의 일에집중했습니다. 이제는 영의 생각으로, 영 주도적인 생각으로살며, 영적인 인생을 오늘 살아가게 됩니다.

거듭남과 복음

또한 거듭남의 결과는 오직 복음입니다. 왜 그렇습니까? 거듭난 자는 복음을 믿음으로 되었기 때문입니다. 아무리 생각해도 내가 목사가 되고, 내가 하나님의 사람이 되고, 내가 하나님의 복음을 전해도 복음이 없었다면 아무것도 아닙니다. 그래서 복음을 전해야 합니다. 이 복음은 하나님의 지혜와 능력으로 심오한 세계입니다. 외워서 될 수 있는 일이 아닙니다. 그래서 오직 복음입니다. 그리고 사람들에게 이 복음을 전합니다. 왜냐하면 거듭나지 못했고 불쌍하니까, 안타까우니까 복음을 전파하게 됩니다. 복음적 방식과 생각에 이끌려 살고, 복음의 영광을 바라보며 오늘을 살아가도록 변화됩니다.

무엇보다도 거듭남의 결과는 오직 하나님께 영광입니다. 이전에는 나의 영광이었습니다. 그러나 이제는 오직 하나님께 영광입니다. 하나님을 경외함으로 하나님께 순종하고, 하나님의 뜻을 분별하며, 하나님의 뜻을 실천하게 됩니다. 얼마나 놀라운 변화가 내 안에 시작됐습니까? 성도 여러분, 이러한 거듭남의 결과가 없는 사람은 거듭난 사람이 아닙니다. 아무리 봉사하고, 수고하고, 전도해도 이런 삶의 변화가 점점 나타나지 않는다면 거듭난 사람이 아닙니다. 즉시 자신을 분별하고 기도해야 합니다. 성령께 기도해야 합니다. "성령이시여, 거듭남을 허락하소서. 거듭남의 역사가 일어나며, 거듭남의 결과가 내 안에 충만히 나타나게 해주소서. 오직 하나님만이 하실 일이므로 하나님, 내게 이 은혜를 베풀어주소서." 기도해야 할 것입니다.

오래전에 있었던 실화입니다. 미국 닉슨 대통령의 특별 보좌관이었던 찰스 콜슨 박사가 그 유명한 워터게이트 사건으로 상당 기간 감옥에 갇혀서 생활하게 됩니다. 그는 출옥 후에 이렇게 간증합니다. "특별 보좌관으로서 4년 동안 대통령과 함께 세계를 경영하고 요리한다는 자부심에서 열띠게 회의를 하며 열정을 가지고 일했지만, 세계는 변함이 없었습니다. 감옥에 있던 나 자신이 예수 안에서 거듭났다는 사실보다 더 중요한 사건은 일어나지 않은 것입니다."

성도 여러분, 예수 믿는 사람이라면 가장 큰 일생의 사건은 나 자신이 거듭났다는 사실입니다. 이보다 더 큰 사실은 없습니다. 아무리 세상이 급변해도 내가 거듭났다는 이 사건보다 더 큰 사건은 없습니다. 성도 여러분, 정말 거듭난 사람입니까? 다시 물어야 합니다. 정말 내가 거듭났는지를 알고, 확신하며 오늘을 살아가야 합니다. 거듭남은 하나님 주도적인 역사입니다. 이것은 단번에 일어나는 영적 출생입니다. 마치 아기가 단번에 출생하듯이, 단번에 급진적 사건으로 나타나는 영적 신비입니다. 어떻게 이런 일이 일어납니까? 성경은 답합니다. 오직 복음과 성령의 역사입니다. 율법과 성령의 역사가 아닙니다. 복음과 성령의 역사입니다. 이것을 하나님의 은혜라고 합니다. 오직 은혜로 말미암아 믿음으로 구속받았다는 말이 이런 뜻입니다. 아무리 내가 선행을 하고, 열심히 성경공부를 하고, 봉사를 하고, 뉘우치고 깨닫고 해도 될 일이 아닙니다.

그런 요소가 있기는 하겠지만, 이는 오직 하나님의 은혜로 복음과 성령의 역사를 이루게 됩니다. 그리고 무엇보다도 오직 예수 그리스도 안에서 일어나고, 예수 그리스도 안에서 완성됩니다. 이것을 잊어서는 안 됩니다. 신비로운 출생이 예수 그리스도 안에서 일어나지만, 그 인격이 자라나는 것도 예수 그리스도 안에서만 가능합니다. 예수 그리스도 밖에서 자행자지할 때는 그 생명이 멈추고 죽어갑니다. 신앙의 열매, 성령의 열매, 거듭남의 열매, 오직 예수 그리스도 안에서 믿음으로 연합할 때만 일어나는 성령의 역사입니다. 거듭남의 결과로 이 신비로운 발생이 내 안에서 체험되고 사건으로 임하려면, 예수 그리스도 안에서 그리스도라는 지식을 갈망하고, 그리스도의 마음을 본받으며 그리스도를 따르는 삶을 살아가야 합니다.

성도 여러분, 우리 모두는 세상 속에 살아갑니다. 그러나 세상에 속한 자가 아닙니다. 거듭난 자들입니다. 하나님 나라의 시민권을 가진 자입니다. 그러므로 이 세상 속에서 하나님 나라의 삶을 살아가야 합니다. 세상 속에서 하나님의 영광을 보아야 합니다. 하나님이 행하시는 일을 알고, 성령의 역사를 알고, 예수 그리스도께서 행하신 일이 무엇인지를 알아야 합니다. 오직 거듭난 자만이 알고, 믿고, 확신할 수 있습니다. 그래서 영생을 가진 자는 오직 복음의 증인으로 하나님 중심의 삶을 살며, 하나님의 영광을 나타내며, 하나님을 기뻐하며 오늘을 살아가게 되는 것입니다.

전지전능하신 은혜의 하나님, 이 어두운 세상에서 사는 미천한 죄인이건만, 오직 예수 그리스도 안에서 주의 복음을 믿음으로 거듭남의 역사의 수혜자요, 참여자가 되게 하시어 이 땅에서 영생의 비밀을 알고, 영생의 복음을 증거하는 주의 자녀로 살게 해주심을 진심으로 감사드립니다. 그러나 먼저 아직도 거듭남의 신비를 알지 못하고, 맹목적인 신앙생활을 하며, 거듭남의 복음을 사건으로 체험하지 못한 채 추상적인 신앙생활을 하는 죄인을 불쌍히 여겨주시옵소서. 성령이시여, 우리 안에 거듭남의 역사가 시작됐고, 영생의 삶이 시작되었음을 명백하게 주의 말씀으로 인식하며, 확증하며, 이 일에 증인으로 승리하는 삶을 살아갈 수 있도록 함께하여 주시옵소서. 우리 주 예수 그리스도의 이름으로 간절히 기도드리옵나이다. 아멘.

독실한 니고데모

그런데 바리새인 중에 니고데모라 하는 사람이 있으니 유대인의 지도자라 그가 밤에 예수께 와서 이르되 랍비여 우리가 당신은 하나님께로부터 오신 선생인 줄 아나이다 하나님이 함께하시지 아니하시면 당신이 행하시는 이 표적을 아무도 할 수 없음이니이다 예수께서 대답하여 이르시되 진실로 진실로 네게 이르노니 사람이 거듭나지 아니하면 하나님의 나라를 볼 수 없느니라 니고데모가 이르되 사람이 늙으면 어떻게 날 수 있사옵나이까 두 번째 모태에 들어갔다가 날 수 있사옵나이까 예수께서 대답하시되 진실로 진실로 네게 이르노니 사람이 물과 성령으로 나지 아니하면 하나님의 나라에 들어갈 수 없느니라 육으로 난 것은 육이요 영으로 난 것은 영이니 내가 네게 거듭나야 하겠다 하는 말을 놀랍게 여기지 말라 바람이 임의로 불매 네가 그 소리는 들어도 어디서 와서 어디로 가는지 알지 못하나니 성령으로 난 사람도 다 그러하니라 니고데모가 대답하여 이르되 어찌 그러한 일이 있을 수 있나이까 **— 요한복음 3:1-9**

독실한 니고데모

마하트마 간디를 기억하십니까? 그는 인도의 정신적, 정치적 지도자였습니다. 20세기의 가장 존경받는 인물 중 한 사람입니다. 그는 불평등과 불의에 항거하여 민족과 나라를 위해 평생토록 헌신했습니다. 비폭력 무저항 운동을 일으키며, 가장 도덕적인 인생을 살았습니다. 20세기의 지성이라 불리는 시인 타고르가 너무나 훌륭한 삶을 살았던 간디를 기억하며, 존경의 마음으로 이름을 지어주었습니다. 그것이 바로 마하트마입니다. '위대한 영혼을 가진 사람'이라는 뜻입니다. 그만큼 간디는 인류 역사에 큰 영향력을 끼쳤습니다. 인도에서 평생토록 선교사역을 한 선교사 스탠리 존스 목사님과 간디는 서로 친구 관계였습니다. 그때 있었던 일입니다. 스탠리 목사님이 간디에게 물었습니다. "어떻게 기독교가 인도의 사람들에게, 이 민중에게 잘 다가설 수 있겠는가? 좀 지혜를 주시게나." 그때 간디가 유명한 말을 남깁니다. "예수 그리스도와 같은 삶을 살면 되지." 간디는 불신자입니다. 그런데도 예수님에 대해서 잘 알고 있었고, 성경을 많이 읽었고, 예수님을 존경했습니다. 그래서 "예수님을 따르는 삶을 살면 되지"라고 답했습니다.

뉴델리에 가면 간디 국립박물관이 있습니다. 제가 오래전에 그곳에 가서 몇 시간을 보낸 적이 있습니다. 그 안에 간디일생의 모든 것이 기록되어 있고, 표현되어 있습니다. 그는 정말 소외되고 고통 받는 가난한 사람들과 평생을 함께한 지도자였습니다. 훌륭한 업적들을 많이 남겼습니다. 여기에는 마지막 문을 열고 바깥으로 나오면 누구나 볼 수밖에 없는 큰 그림이 하나 걸려 있습니다. 그 그림은 많은 사람들이 환호하는 가운데 예수님이 부활 승천하신 그림인데, 그 옆에 같이 손잡고 승천하는 간디가 그려져 있습니다. 인도 사람들이 간디를 이만큼 존경한 것입니다. 예수님과 동격입니다.

성도 여러분, 간디는 정말 구원받은 것입니까? 간디는 정말 하나님 나라에 들어간 하나님의 자녀입니까? 결코 아닙니다. 이것을 잊어서는 안 됩니다. 세상에서 가장 존경받는 도덕적으로 훌륭한 사람으로 살았지만, 그는 천국에 들어가지 못했습니다. 만일 어떤 사람이 "어떻게 이렇게 확신하십니까?"라고 묻는다면, 저는 성경을 근거로 대답할 것입니다. 영생이 없기 때문입니다. 또는 영생이 무엇인지도 모르고, 영생을 소유하지도 못했고, 영생의 삶을 살지도 못했고, 그래서 하나님과 함께하는 삶을 살지도 못했고, 하나님께 영광 돌리는 삶을 살지 못했습니다. 그것이 이유입니다. 깊이 생각해 보시기 바랍니다.

영생의 복음

이슬람교의 창시자 마호메트를 한번 생각해 보십시오. 이슬람은 전 세계에서 가장 빠르게 성장하는 종교입니다. 7세기에 시작된 이 종교를 살펴보면, 긴 세월 동안 수십억 명의 사람이 마호메트를 존경하고 추종합니다. 기독교의 예수와 같은 분으로 높입니다. 그는 나라와 민족을 위하여 평생을 희생하고 헌신한 자로, 종교의 창시자입니다. 특별히 그는 형제애를 무척 강조했습니다. 그래서 1년에 한 달씩 라마단이라는 기간을 정해놓고, 가난한 자의 고통에 동참하고자 함께 금식하며 구제하는 것을 법으로 정한 사람입니다. 크고 많은 영향력을 끼친 사람입니다. 그러나 그도 천국에 들어가지 못했습니다. 그 이유는 영생을 갖지 못했기 때문입니다. 이것을 잊어서는 안 됩니다.

저명한 목회자 리 스트로벨 박사가 쓴 『하나님의 파격적인 주장』(*God's Outrageous Claims*)이라는 책이 있습니다. 이 책에서 예수님만이 하나님께 다가가는 유일한 길이라고 하면서 기독교와 종교를 아주 명백하고 간략하게 구별하고 있습니다. 함께 생각해 보시기 바랍니다. 먼저 다른 모든 종교는 행위의 종교입니다. 영어로 'Do'의 종교입니다. 즉 하나님의 선한 은혜를 받기 위해 노력하고 고민하면서 어떤 행위를 해야 한다는 생각에 기초를 두고 있습니다. 그래서 순례를 계속하고, 가난한 자들에게 선행을 베풀고, 올바른 주문을 외우고, 여러 종교적 훈련을 성실하게 받아야만 합니다. 이것은 하나님께 나아가기 위한 사람들의 노력입니다.

반면, 기독교는 '다 이루었다'의 종교입니다. 영어로 'Done'의 종교인 것입니다. 왜냐하면 예수 그리스도께서 우리를 위하여 십자가에서 이미 이루신 사실에 기초를 두기 때문입니다. 예수께서 십자가에서 우리를 대신하여 죽으셨고, 죄 사함과 영생을 은혜의 선물로 주신다고 가르치십니다. 즉 기독교는 하나님이 우리에게 다가오시는 종교입니다.

성도 여러분, '하라'(Do)와 '이루었다'(Done)는 천지 차이,

곧 하늘과 땅의 차이입니다. 이것을 구별해야 합니다. 이것은 섞을 수 있는 문제가 아닙니다. 기독교는 인간이 만든 종교가 아닙니다. 기독교는 복음입니다. 하나님에 의하여 만들어진 계시의 종교입니다. 그래서 기독교를 복음이라고 합니다. 하나님께서 이루신 것을 믿는 것입니다. 그것이 기독교입니다. 그러므로 하나님께서 예수 그리스도 안에서 이루셨고, 오늘도 그 일을 하고 계십니다. 그것을 먼저 알아야 합니다. 그리고 믿어야 합니다. 그리고 믿음으로 살아야 합니다. 여기에 구원의 역사가 있습니다. 영생을 선물로 받지 못하면 천국에 들어가지 못합니다.

인간의 기준에서 잘못하는 경향과 본성을 생각하는 것, 판단하는 것, 부족한 욕구를 충족시킨 것이 종교입니다. 그러나 기독교는 인간으로부터 시작된 것이 아닙니다. 하나님께서 일으키신 그 무엇입니다. 그런고로 하나님과의 관계를 인간의 측면에서 생각할 것이 아니라, 하나님과의 관계에서 생각해야 합니다. 하나님의 기준으로 생각하는 것이 합당한 것입니다. 이렇게 물어야 됩니다. "하나님과의 관계에서 하나님과 나는 어떤 관계인가?", "나는 하나님 앞에서 하나님의 기준에 합당한 바른 생각과 판단을 하며 오늘을 살아가는가?" 이것이 옳습니다. 이제 하나님의 기준을 생각해 보십시오. 아무리 훌륭한 인격으로 도덕적 인생을 살았다 하더라도 천국에 못 들어갑니다. 하나님의 기준에 미치지 못하기 때문입니다. 인간의 기준으로는 충분한 것 같지만 하나님의 기준에서는 전혀 가능성이 없는 이야기입니다. 그래서 간디도, 마호메트도 영생을 소유할 수도 없고, 천국에 들어가지 못합니다. 하나님의 복음, 하나님이 제시하신 하나님의 기준이 있습니다. 예수 그리스도와 하나님의 나라, 이 복음이 그리스도인의 판단 기준이 되어야 합니다.

예수님을 찾아온 니고데모

오늘 성경에 보면 니고데모라는 인물이 기록되어 있습니다. 요한복음에만 세 번 기록됩니다. 복음의 역사에서 참으로 중요한 인물입니다. 왜냐하면 니고데모를 통하여 예수님께서 위대한 복음의 진수를, 가장 본질적인 복음의 진수를 구체적으로 계시해 주고 계시기 때문입니다. 그러면 니고데모라는 사람이 어떤 사람인지를 먼저 알아야 합니다. 성경 안에서 니고데모는 먼저 한마디로 신실한 사람입니다. 성경 본문을 읽다보면 예수님께서 이런 말씀을 하십니다. "너는 이스라엘의 선생이 아니냐?" 이미 한 나라의 선생으로 인정될 만한 자인 것입니다. 다시 말해서, 예수님의 제자들과는 차원이 다릅니다. 그들은 어부요, 세리요, 한마디로 평범한 사람들이었습니다. 반면 니고데모는 그런 부류가 아닙니다. 또한 많은 군중들, 예수님을 따르는 군중들과 같지 않습니다. 그들은 표적을 좇았습니다. 기적을 좇은 사람들입니다. 니고데모는 그런 자들도 아닙니다. 그리고 당시 바리새인이나 대제사장과 같은 부류가 아닙니다. 그들은 편견에 휩쓸렸고, 자기 의만을 주장하는 종교인이었습니다.

니고데모는 그런 부류가 아닙니다. 그야말로 유대의 지도자인 것입니다. 바리새인이기는 하지만, 존경받는 훌륭한 인물입니다. 평생 성경을 연구했고, 가르쳤고, 스스로 율법의 기준을 맞추려고 율법을 준수했으며, 가장 도덕적인 인생을 살아가는 사람입니다. 다시 말해서, 훌륭한 인격과 지식을 가졌고, 존경받는 지도자입니다. 마치 간디와 같은 인물입니다. 또한 그는 부자입니다. 요한복음 19장 39절에 보면, "몰약과 침향 섞은 것을 백 리트라쯤 가지고 온지라"라고 기록되어 있습니다. 예수님이 십자가에 돌아가신 후에 아리마대 요셉의 무덤에 묻히셨을 때 예물을 갖고 옵니다. 그런데 이 예물은 왕의 장례식 때나 쓸 정도로 귀중한 것들입니다. 부자가 아니고서는 절대 갖고 올 수 없는 것들입니다. 그만큼 부자입니다. 그리고 그 상황을 생각해 보십시오. 예수님의 제자들도 다 두려워서 도망갈 때입니다. 그러나 니고데모는 예수님을 존경했습니다. 그래서 찾아와 값진 예물을 바칩니다. 그러니까 그는 보통 부자가 아니라, 독실한 부자입니다.

또한 그는 영적인 사람입니다. 오늘 성경 2절에 보면, 그는 표적의 의미를 알았습니다. 지금 큰 이적이 나타났는데, 그 사건의 영적 의미를 간파할 만한 분별력 있는 사람입니다. 그래서 예수님께서 "너는 이스라엘 선생"이라고 인정하셨던 것 같습니다. 그는 한마디로 영적 분별력을 지닌 사람입니다. 또한 그는 겸손한 사람입니다. 왜냐하면 그는 나이 많은 유대인의 치도자로 이스라엘의 선생입니다. 반면 예수님은 당시 젊은 사람이며 목수였을 뿐입니다. 한번 보자고 할 수도 있는 위치에 있었습니다. 그러나 예수님께 찾아가서 말합니다. "랍비여!" 니고데모는 상당한 위치에 있는 지식인이요 인격자였으며, 모두가 존경할 만한 위치에 있었습니다. 그런데 저 사람은 젊은 청년 목수입니다. 그럼에도 찾아와서 부르는 호칭이 랍비입니다. "랍비여!"하고 부릅니다. 이것은 선생님이라고 부르는 것입니다. 그는 예수라는 청년에게서 자신이 갖고 있지 않은 그 무엇이 있음을 보았고, 그가 자신보다 더 나은 존재이며, 더 특별한 사람이라고 인정했습니다. 궁극적으로 예수님을 인정하며 랍비라고 부를 만큼, 그는 겸손한 사람입니다.

그리고 그는 적극적인 용기를 가진 사람입니다. 예수님을 찾아옵니다. 굳이 찾아올 상황이 아닌데도 그는 직접 찾아옵니다. 그는 무엇인가를 깊이 갈망하고 있습니다. 단지 책상에 앉아서 혼자 생각하며 갈망하는 게 아니라, 직접 갈망하는 바를 얻고자 예수님께 찾아옵니다. 그 당시에 이것은 위험한 일입니다. 사람들의 존경을 잃을 수도 있고, 지위를 빼앗길 수도 있습니다. 자신의 부를 다 잃을 수 있는 상황인데도 불구하고 직접 찾아옵니다. 그만큼 적극적이고 용기 있는 사람입니다. 그리고 신중합니다. 밤에 찾아옵니다. 물의를 일으키지 않기 위해서, 무엇보다도 조용한 시간을 예수님과 함께 보내고 싶었던 것 같습니다. 이런 인물입니다.

니고데모에게 물으시는 예수님

이제 3절을 보면 예수님께서 그에게 말씀하십니다. "예수께서 대답하여 이르시되 진실로 진실로 네게 이르노니 사람이 거듭나지 아니하면 하나님 나라를 볼 수 없느니라." 이 말씀에서 예수님의 태도, 결단, 판단 방식을 볼 수 있습니다. 왜냐하면 우회적으로, 지적으로나 철학적으로, 종교적으로 말씀하지 않으셨습니다. 직접 말씀하십니다. "네가 상당한 지식과 교양과 도덕적인 성품과 훌륭한 인격을 가진 줄 알 텐데, 그러나 내가 묻노라. 너는 거듭났느냐? 니고데모, 네가 거듭난 사람이 아니라면 아무것도 아니다. 왜냐하면 천국에 들어가기는커녕 볼 수도 없기 때문이다. 주변에서 맴돌 뿐이기 때문이다. 너는 거듭난 사람이냐?" 물으십니다.

성도 여러분, 모든 그리스도인이 가져야 할 판단이 여기에 있습니다. 인간의 기준으로 보면 니고데모는 참으로 훌륭한 사람입니다. 가장 인격적이고 도덕적인 사람입니다. 그러나 하나님의 기준에서 보면 아무것도 아닙니다. 하나님의 기준에서는 거듭났느냐 아니냐, 진정으로 영생을 가졌느냐 아니냐 이것이 가장 중요한 본질입니다. 이러한 생각과 판단으로 오늘을 사는 것이 중요합니다.

니고데모가 예수님의 질문에 대해서 이렇게 답하는 것을 봅니다. "니고데모가 이르되 사람이 늙으면 어떻게 날 수 있겠사옵나이까? 두 번째 모태에 들어갔다가 날 수 있사옵나이까?" 오늘 본문 9절을 보십시오. "니고데모가 대답하여 이르되 어찌 그러한 일이 있을 수 있나이까?" 굳이 설명 안 해도 이것은 정말 예수님을 한 번도 들어보지 못한 사람의 답변과 수준이 비슷합니다. 니고데모의 무지입니다. 다시 한 번 생각해 보십시오. 평생 성경을 연구했습니다. 가르쳤습니다. 영적 지도자입니다. 존경받는 인물입니다. 그런데도 예수님과의 대화에서 보면 그는 성경을 모르는 사람입니다. 성경 지식을 많이 갖고 있는데, 평생을 성경 말씀을 따라 사는 사람인데, 실상은 하나님의 뜻을 알지 못하고 메시지를 알아듣지 못합니다. 우리 주변에, 역사 안에 이런 사람들이 너무나 많습니다. 이것을 분명히 알아야 합니다. 성경 지식은 많이 갖고 있지만, 그 속에서 하나님의 말씀을 듣지 못한 것입니다.

부분적으로만 알고 있습니다. 성경의 몇 장 몇 절을 알고, 이런 말씀 저런 말씀도 알고, 이것은 이런 뜻이고 저것은 저런 뜻이라고 설명하고, 당시의 배경으로 이렇고, 오늘날 이렇게 해석한다는 등 지적으로는 많이 알고 있지만, 실상은 내게 주시는 하나님의 말씀, 그 속에 있는 하나님의 명료한 말씀을 하나도 알지 못하는 것입니다. 부분적으로는 알 수 있으나, 온전한 말씀을 접해 보지 못했습니다. 그래서 하나님의 기준을 소위 1도 모르는 것입니다. 분명히 알아야 합니다. 성령은 이 니고데모의 사건을 통해서 우리에게 지금 알려주십니다. '이것을 생각하라.' 니고데모는 왜 모르는 것입니까? 모른다고 할 수 없습니다. 평생 성경을 연구한 사람인데, 왜 하나님

의 말씀에 대해서 무지한 것입니까? 즉 무엇이 장애물이기에
이런 말도 안 되는 상황에 놓인 것입니까? 영적으로 무지하
고 무감각한 상태에 놓인 것입니까? 인간의 기준으로는 가장
존경받는 영적 지도자이며 가장 존경받는 독실한 사람인데,
어떻게 이 수준밖에 안 되는 것입니까? 그 문제를 알아야 우
리는 해결할 수 있습니다.

대학교육의 현실을 말해 주는 이런 이야기가 있습니다. 한
중소기업에 취직한 신입사원의 출근 첫날입니다. 실장님이
빗자루를 하나 주면서 "자네의 첫 임무는 사무실을 청소하는
것이네"라고 말했습니다. 그랬더니 이 청년이 얼굴을 붉히며
말합니다. "제가 4년제 대학 나온 사람이에요." 실장님이 "아
참, 그렇지!" 하면서, "빗자루 이리 주게. 먼저 시범을 보여줘
야 한다는 사실을 내가 깜빡했네." 보십시오. 내가 갖고 있는
지식과 생각과 판단, 내가 확신하는 그 무엇이 나를 이처럼
어리석게 만들 수 있습니다.

영생의 필요를 모르는 니고데모

니고데모로 돌아와 보십시오. 가장 큰 문제가 무엇입니까?
오늘 성경에서 보면 그가 갖고 있는 정체성, 그 태도가 문제

입니다. 마태복음 18장 3절의 말씀입니다. "이르시되 진실로 진실로 너희에게 이르노니 너희가 돌이켜 어린 아이들과 같이 되지 아니하면 결단코 천국에 들어가지 못하리라." 그런데 니고데모는 지도자요, 선생이요, 평생 하나님께 헌신한 성경을 가르치는 사람입니다. 이것으로 꽉 차 있습니다. 그 속에 어린아이 같은 마음이 없습니다. 그 단순함이 없습니다. 그래서 하나님의 말씀을 듣지 못하는 것입니다. 그 지식이, 그 정체성이 나를 망치는 것입니다.

그는 독실한, 그리고 겸손한 사람임에 틀림없습니다. 의심할 여지가 없습니다. 인간의 기준에서는 충분합니다. 그러나 하나님의 기준에서 보면 충분하지 않습니다. 미달입니다. 그런 일을 하나님께서 바라시는 것이 아닙니다. 그는 거듭남의 필요성을 알지 못하는 정도의 수준이었습니다. 최소한 거듭남의 필요성을 알아야 될 것 아닙니까? 영생의 필요성을 알아야 되는데, 그에게는 그 자체가 불필요합니다. 왜냐하면 자신은 훌륭한 사람이고, 평생을 헌신하며 이웃을 돕고 나라와 민족을 위해 산 사람이고, 하나님의 일에 힘썼던 사람이니 이쯤 되면 뭐가 더 필요하겠느냐고 생각한 것입니다.

지금 그런 상태인 것입니다. 잘못된 정체성입니다. 그러다 보니, 자신은 율법을 잘 지키는 사람입니다. 인간의 기준에서 보면 잘 지키는 것 맞습니다. 하지만 하나님의 기준에서 보면 지키지 못했습니다. 완전하지 못합니다. 이웃을 내 몸과 같이 사랑하라고 하셨지만, 몇 번 해보지도 못했습니다. 정말 내 몸과 같이 내 것을 다 내어주었는지가 문제입니다. 이것이 하나님의 기준인데, 이 기준에 못 미치면서도 시간이 지나면서 그런 사람이 되어버린 것입니다. 위선입니다. 이것을 성경은 '자기의 의'라고 부릅니다. 바로 그것이 니고데모를 망친 것입니다.

두 번째는 이성적인 판단입니다. 예수님을 높였습니다. "랍비여!" 그러나 그 이상은 될 수 없었습니다. 본인의 이성적 생각입니다. '저가 젊은이지만, 특별한 능력과 은사를 가졌어.' 그것을 존중할 만한 겸손은 있었지만, "주여, 나의 하나님이여!"라고 고백할 수는 없었습니다. 그 이성적 판단이 이 사람을 망친 것입니다. "랍비여, 선생님이여!" 무슨 말입니까? "내게 좋은 가르침을 주소서"라는 말입니다. 자신의 지식과 경험이, 편견이 예수님을 예수님으로 대하지 못하게 한 것입니다. 성도 여러분, 주일예배를 드리면서 하나님의 말씀 듣기를 바랍니까, 아니면 좋은 말씀을 듣기를 원합니까?

이것은 천지 차이입니다. 거듭난 자는 하나님 앞에 있으므로 하나님의 말씀을 듣기를 사모합니다. 그러나 거듭나지 못한 자는 하나님에 관한 지식을 원하고, 좋은 교훈을 원할 것입니다. 이것은 천지 차이입니다. 지금 니고데모가 이 함정에 빠졌습니다. 또한 그는 잘못된 열심과 방식을 추구합니다. 그래서 새로운 지식이 필요합니다. '내게 없는 새로운 것을 저 청년 예수가 갖고 있으니까 그것을 내게 주면, 내가 그것을 깨닫고 실천하면 나는 그 위치에 올라갈 수 있을 거다. 더 나은 사람이 될 수 있을 거다.' 이러한 열심과 방식을 갖고 있는 것입니다.

그것이 이 사람을 망칩니다. 처음부터 잘못된 것입니다. 애초부터 잘못되었는데, 잘못되었다는 생각조차 못 합니다. 성도 여러분, 하나님 앞에서 먼저 그리스도인이 되어야 합니다. 거듭남이 먼저 있어야 합니다. 영생이 먼저 있고 시작되어야 영생의 열매를 맺고, 신앙의 열매를 맺는 것이지, 그렇지 못하면 아무것도 아닙니다. 헛된 것입니다. 마태복음 7장 21-23절에 보면 예수님께서 애통하는 마음으로 말씀하십니다. "나더러 주여 주여 하는 자마다 다 천국에 들어가지 못한다." 선지자 노릇을 하고, 귀신을 쫓아내고, 많은 능력을 행하면 세상에서 종교 지도자쯤 됩니다. 그런데 천국을 못 갑니다. 왜냐하면 아버지의 뜻을 행하지 않았기 때문입니다.

하나님과 바른 관계를 맺어야 함

먼저 거듭나야 합니다. 먼저 하나님의 자녀가 되어야 합니다. 그것이 은혜인데, 그것은 대충대충 믿고 자꾸 무언가를 내가 행하려고 하는 것이 아닙니다. 무엇인가 깨닫고, 행하고, 선행을 함으로써 더 나은 인물이 되려는 것은 종교인입니다. 기껏 올라가봐야 간다나 니고데모 수준입니다. 이런 방식이 아닙니다. 이걸 깨뜨려야 합니다. 결국 니고데모에게 있어서 가장 큰 문제는 마음입니다. 마음이 전적으로 타락했습니다. 인간의 기준으로는 전혀 아닙니다. 너무나 존경스럽습니다. 훌륭합니다. 따라가고 싶습니다. 그러나 하나님의 기준에서는, 예수님 앞에서 보니 마음 전체가 문제입니다. 성경은 이렇게 말씀합니다. "어둠이더라." 마음이 어둠에 속한 것입니다. 빛이 아닙니다. 빛 앞에 나와서도 자꾸 어둠 속으로 가고 있습니다. 모든 판단의 기준이 행위, 종교생활에 있습니다. 기준이 내 생각과 판단입니다. 이것을 깨뜨려야 합니다. 그 중심에 정말 살아 계신 하나님이 계셔야 됩니다. 그래서 하나님의 뜻과 하나님의 말씀이 생각과 판단의 기준이 되어야 하는데, 그렇지 못한 것입니다.

다시 말해서, 하나님과 바른 관계를 맺지 못했습니다. 그러나 니고데모는 '나는 항상 하나님과 바른 관계를 맺는 사람'이라고 생각한 것입니다. 이만큼 망가진 것입니다. 비로소 예수님 앞에서 지금 무너집니다. 깨집니다. 왜 그렇습니까? 영생이 없기 때문입니다. 이 사람에게 필요한 것은 영생입니다. 새로운 마음입니다. 성도 여러분, 어떻게 해야 니고데모가 갖고 있는 이 장애물을, 우리 모든 인간이 갖고 있고 또 내가 갖고 있는 이 장애물을 깨뜨리며 새 사람이 되겠습니까? 모든 것이 새로워져야 합니다. 오직 예수 그리스도입니다. 예수 그리스도 안에서만 믿음으로 깨어지고, 새로운 걸 선물로 받을 수 있기 때문입니다. 그러고 나서야 비로소 그리스도인으로서의 삶이 시작됩니다. 예수 그리스도 안에서 듣고, 믿고, 순종하므로 이제 하나님의 복음을 듣고, 믿고, 깨닫고, 순종함으로 새로운 인생이 시작됩니다.

그것이 영생입니다. 영생이 내 안에 있어야만 비로소 하나님과 함께할 수 있고, 하나님께 다가설 수 있습니다. 하나님의 말씀을 들을 수 있습니다. 그 영생이 육신의 생명을 깨뜨리기 시작합니다. 그리고 하나님과 바른 관계를 지속하며 오늘을 살게 됩니다. 성도 여러분, 두고두고 니고데모를 생각해봅니다. 사실 거듭남이라는 것은 성경에서 가장 중요한 것인데, 복음에서 가장 중요한 본질적 계시이며 사건인데, 왜 니고데모에게 주셨을까요? 좀 더 생각해 보면, 왜 니고데모에게만 하신 말씀일까요? 거듭남이라는 용어는 니고데모에게만 하신 말씀입니다. 왜입니까?

그 이유는 니고데모 같은 존재도 거듭나야 한다는 것을 가르치시는 것입니다. 거듭난다는 것은 망가진 사람만, 뭔가 큰 죄를 지은 사람만, 그런 사람들만 거듭나는 것이 필요하다고 착각하는 이 세대를 이미 아시고 말씀하신 것입니다. 니고데모 같은 가장 존경받는 독실한 사람조차도 거듭나지 않으면 천국에 못 들어간다는 것을 말입니다. 다시 말해 하나님의 자녀가 될 수 없다는 사실을 우리에게 전하는 계시적인 사건입니다. 그리고 거듭남이란 오직 예수 그리스도를 믿음으로, 예수 그리스도 앞에서 지금 깨어지고 부서지는 니고데모의 모습처럼 이러한 사건이 일어나고 인식되므로 영생을 갈망하고, 영생을 주신 예수님으로부터 우리 모두가 영생을 믿음으로 받을 수 있다는 것을 알려주고 있습니다.

위대한 설교가 휫필드 목사님에 대해 여러 번 말씀드렸습니다. 교회사를 보면, 그도 거듭나기 전에는 참으로 독실한 사람이었습니다. 독실한 청년이었습니다. 금식기도를 많이 하고, 성경공부도 많이 했습니다. 많이 전하고, 복음으로 살려고 애썼습니다. 그런데 거듭난 이후에 그는 비로소 깨달았습니다. '그것으로 되는 것이 아니야! 기독교란 거듭남으로 부터 시작되는 거야!' 그래서 이 요한복음 3장을 주제로 거듭남이라는 메시지를 천 번 이상 설교한 위대한 인물로 남습니다. 이것은 새롭게 시작하는 불신자에게 필요해서 주시는 말씀이 아닙니다. 영생이 없으면 영생의 열매를 맺지 못하고, 천국에 못 들어갑니다. 그리스도인의 삶의 시작과 끝을 말합니다.

존 웨슬리의 유명한 회심 사건이 있습니다. 그는 그 회심 이전에 참으로 독실한 크리스천 청년이었습니다. 함께 성경공부를 하고, 금식기도를 하고, 말씀을 많이 가르치고, 심지어 그 젊은 청년이 미국 인디언에게 가서 2년간 선교사로도 살았습니다. 그러나 회심한 후, 거듭나야 함을 깨닫고 오직 하나님의 복음을 전파하는 믿음의 사람으로 끝까지 살게 됩니다. 루터를 생각해 보십시오. 그가 중생하기 전 수도사일 때, 그 삶의 기록을 보십시오. 참으로 독실하고 훌륭한 청년이었습니다. 세상에 물들지 않고, 나름대로 하나님의 일을 하고자 하면서 성경을 읽고, 사제가 되고, 수도원에 들어가 열심히 기도했습니다. 그러나 나중에 하나님의 은혜를 받고, 거듭남의 역사가 일어난 후에 뛰쳐나옵니다. 그걸로 안 되는 것을 안 것입니다. 그런 방식으로는 안 됩니다. 내 안에 영생이 시작되어야 합니다. 이 영생이 있어서 예수 그리스도와 하나가 될 수 있습니다. 예수 그리스도를 따라가는 삶을 살아갈 수 있습니다. 왜냐하면 그 마음이 새롭게 주어졌기 때문입니다.

성도 여러분, 그리스도인은 거듭난 사람입니다. 영생을 소유한 자를 의미합니다. 그래서 영생의 진리를 기뻐하며, 영생의 복음을 전하며, 영생의 빛을 따라, 영생의 주인이신 예수 그리스도와 함께하며, 하나님께 영광 돌리는 삶을 살아가게 되는 것입니다. 이 일의 증인이 바로 그리스도인입니다.

기도

전지전능하신 은혜의 하나님, 이 세상의 모든 문제를 아시고, 인간의 모든 문제를 이미 아시므로 그 해결책으로 하나님의 복음을 우리에게 주셨건만, 아직도 그 복음의 가치와 능력과 은혜와 사랑과 지혜를 온전히 깨닫지 못하여 세속적인 신앙 생활을 하며, 또다시 세상 방식으로 하나님께 인정받고 나아가길 원하는 미련한 죄인을 불쌍히 여겨주시옵소서. 오직 복음으로 말미암아 믿음으로 거듭남의 역사가 일어나며, 내 안에 영생의 역사가 시작되었음을 인식함으로 비로소 하나님의 자녀이거늘, 그 가치를 알지 못한 채 또다시 방황하며, 근심하며, 두려워하며, 하나님이 주시는 기쁨과 평강과 안식을 누리지 못한 채 답답해하며, 잘못된 신앙 생활을 하는 허탄한 인생을 용서하여 주시옵소서. 성령이시며, 오직 복음의 역사를 믿음으로 하나님의 자녀 됨을 항상 기억하게 하사 내 안에 영생의 역사가 시작되었음을 인식하며, 영생의 빛을 따라 영생의 말씀을 사모하고, 영생의 주인이신 그리스도와 동행하며, 영원한 생명이 있는 천국을 바라보며, 믿음으로 승리하는 주의 사람 되게 함께하여 주시옵소서. 주 예수 그리스도의 이름으로 간절히 기도 드리옵나이다. 아멘.

05

———

성령으로 난 사람

예수께서 대답하여 이르시되 진실로 진실로 네게 이르노니 사람이 거듭나지 아니하면 하나님의 나라를 볼 수 없느니라 니고데모가 이르되 사람이 늙으면 어떻게 날 수 있사옵나이까 두 번째 모태에 들어갔다가 날 수 있사옵나이까 예수께서 대답하시되 진실로 진실로 네게 이르노니 사람이 물과 성령으로 나지 아니하면 하나님의 나라에 들어갈 수 없느니라 육으로 난 것은 육이요 영으로 난 것은 영이니 내가 네게 거듭나야 하겠다 하는 말을 놀랍게 여기지 말라 바람이 임의로 불매 네가 그 소리는 들어도 어디서 와서 어디로 가는지 알지 못하나니 성령으로 난 사람도 다 그러하니라 　　　　　　　　　— 요한복음 3:3-8

05

성령으로 난 사람

20세기의 가장 저명한 신학자인 칼 바르트와 가장 유명한 부흥사인 빌리 그레이엄 목사님이 휴가 중에 우연히 스위스에서 만났습니다. 두 분이 이런저런 대화를 나누는 중에 빌리 그레이엄 목사님이 칼 바르트에게 질문을 했습니다. "당신은 이 시대의 가장 유명한, 훌륭한 신학자인데, 신학에서 가장 강조되어야 할 중요한 사실은 무엇입니까?" 칼 바르트는 조금도 망설임 없이 단호하게 말했습니다. "성령님입니다." 그러자 두 사람은 활짝 웃으며 고개를 끄떡였습니다.

성도 여러분, 성령의 존재와 역사에 대해 얼마나 인식하며 오늘을 살아가십니까? 성령의 역사 없이는 거듭날 수도 없고, 영생을 소유할 수도 없고, 천국에 들어갈 수도 없다는 사실을 분명히 알고, 믿고, 확신하며 오늘을 살아가십니까? 내 안에 성령 하나님께서 거주하시며, 나를 예수 그리스도께로 인도하심을 체험하며 오늘을 살아가십니까? 매일 성령께 기도하며, 성령께 삶을 의탁하며, 성령의 인도하심 속에 살기를 간구하며, 성령의 중요성을 인식하며 오늘을 살아가십니까? 깊이 생각해 보시기 바랍니다.

눈으로 볼 수 없는 성령

그리스도인은 하나님의 복음과 성령의 역사로 말미암아 예수 그리스도 안에서 거듭난 새 사람입니다. 거듭난 사람이요, 영생을 소유한 자요, 천국 시민권을 가진 자입니다. 성령의 역사가 없이는 이런 일이 나타나지 않습니다. 될 수 없습니다. 성령의 역사가 없이는 아무리 내가 신앙생활을 많이 하고, 교회에 열심히 출석하고, 성경공부를 하고, 착한 일을 하고, 하나님의 일에 힘쓴다 하더라도 결국 독실한 종교인일 뿐입니다.

성령의 역사를 전기와 비유해서 많이 설명합니다. 전기는 눈으로 볼 수가 없습니다. 대다수의 사람이 전기에 대한 과학적인 설명을 이해하지 못해서 그렇지, 전기는 존재합니다. 전기의 결과가 명백하게 나타나 있습니다. 성령의 역사가 이와 같습니다. 눈으로 볼 수 없습니다. 이성적으로 인식할 수 없습니다. 그러나 그 역사가 명백하게 결과로 나타납니다. 추운 겨울날 밤에 전기가 없다고 생각해 보십시오. 전기가 끊어지면 한마디로 암흑입니다. 아무것도 할 수 없습니다. 난방도 안 되고, TV도 못 봅니다. 요즘 많이 보는 넷플릭스도 못 봅니다. 도무지 할 수 있는 것이 없습니다. 어둠뿐입니다.

　성령의 역사가 없이는 영생을 소유할 수도 없고, 영생을 받은 자로 살아갈 수도 없습니다. 성령의 역사가 없이는 그대로 어둠 속에 있습니다. 빛으로 나올 수가 없습니다. 성령의 역사가 없다면 진리를 깨달을 수도 없고, 영적 분별력을 가질 수도 없고, 하나님의 자녀가 될 수도 없고, 하나님과 바른 관계를 맺을 수가 없습니다. 성령의 역사가 없다면 하나님이 주시는 은혜와 안식과 평강과 기쁨을 누리지 못합니다. 성령의 역사가 없이는 예전 모습 그대로, 육신의 생명을 가진 자로, 육신에 속한 자로 살다가 멸망할 뿐입니다. 이것이 성경의 선언입니다. 성령의 역사가 없다면 구원이란 없습니다. 이 사실을 항상 기억해야 합니다. 오늘날 많은 지식인이 이렇게 말합니다. "내가 이해하지 못한 것은 믿을 수가 없다. 내가 보지 못하는 것은 확신할 수 없다." 전기를 어떻게 볼 수 있습니까? 얼마나 이해할 수 있습니까? 다만 전기의 결과를 경험하고, 그 나타난 결과를 보고 비로소 알 수 있고 이해할 수 있습니다. 이처럼 성령의 역사는 보이지 않는 사건이지만, 명백하게 존재하고 나타난 사건으로 분별하며 알고 믿을 수 있습니다.

성령은 하나님이십니다. 보이지 않지만 영적으로 역사하십니다. 성령은 주권적으로 역사 안에서, 우리 안에서 활동하십니다. 하나님의 뜻대로 구원의 역사를 일으키십니다. 그 증거 중의 증거가 성경책입니다. 성경은 성령 충만한 사람들이 성령께 고용되어 하나님의 말씀을 듣고 체험하며, 그 사건들을 기록한 책입니다. 영감으로 된 책입니다. 또 다른 증거가 거듭난 그리스도인입니다. 삶이 변화됩니다. 또 다른 증거가 주님의 교회입니다. 이것을 잊어서는 안 됩니다.

예수님께서 성령을 이렇게 설명하십니다. "바람이 임의로 불매." '바람'이라는 용어를 통해서 비유로 설명하십니다. 바람은 느낄 수 있고, 그 소리는 들을 수 있습니다. 그러나 볼 수는 없습니다. 어디로부터 와서 어디로 가는지 알 수 없습니다. 이와 같이 성령께서 활동하시지만 알 수 없습니다. 볼 수 없습니다. 그러나 명백하게 그 결과가 나타납니다. 바람이 불면 소리를 듣고, 피부로 감지하며, 나뭇가지와 나뭇잎을 통해서 봅니다. 결과를 보고 압니다. 이처럼 성령의 역사를 보지 못하지만, 그 결과로 보고 알 수 있음을 우리에게 말씀해 주십니다.

성령이 주시는 유익

사도들을 보십시오. 그들은 어부, 세리 등 평범한 사람들로 십자가 사건 속에서 다 도망가는 사람들이었으나, 성령을 받은 후에는 성령께 붙들려 완전히 다른 사람이 됩니다. 영생의 삶을 살며 위대한 인생을 살았습니다. 그것이 결과입니다. 결과를 보고 알 수 있습니다. 초대교회 교인들은 성령 충만을 간구했습니다. 성령을 정말 믿었습니다. 성령이 아니고서는 거듭날 수도 없고, 이 땅에서 하나님의 자녀로 살아갈 수가 없음을 알았습니다. 그 기도의 응답으로 성령이 함께하시어 그들은 놀랍고 담대한 인생을 살아갑니다. 조금도 두려워하지 않습니다. 순교합니다. 그 기록이 성경입니다. 성경이 증거입니다. 역사 속에 수많은 부흥의 사건이 있었습니다. 성령이 보이지는 않지만, 사건으로 나타났습니다. 그 사건을 이제 보고합니다. 수많은 증거들이 있습니다. 성령의 역사를 알고, 믿고, 확신하는 자가 하나님의 자녀입니다. 이 사실을 분명히 인식해야 합니다.

조쉬 맥도웰 박사가 쓴 『하나님에 관한 불변의 진리』(*The Unshakable Truth*)라는 책이 있습니다. 이 책은 성령께서 삼위일체 하나님과의 관계로 우리를 인도하시며, 하나님을 경험케 하신다고 강조합니다. 그러면서 성령이 주시는 최소한의 유익 다섯 가지를 간략하게 설명합니다. 첫째, 하나님과 하나 되게 해주십니다. 하나님과 바른 관계를 맺으며, 하나님과 동행하며, 교제하며, 하나님께 영광 돌리는 삶을 비로소 살게 해주십니다. 둘째, 그리스도를 닮게 해주십니다. 그리스도를 아는 지식을 갈망합니다. 그리스도의 마음을 본받는 자로 살아가고, 그리스도를 따르는 삶을 살아갑니다. 셋째, 성경의 진리를 밝혀줍니다. 성령이 임하지 않으시면 성경을 아무리 잘 읽어도, 연구해도 니고데모 수준입니다. 그러나 진리의 영이신 성령께서 성경을 계시해 주십니다. 밝혀주십니다. 이 속에서 하나님의 말씀을 듣게 됩니다. 넷째, 하나님의 일을 할 능력을 주십니다. 옛사람의 본성으로는 고만고만한 도덕적 수준에 머물러 있을 수밖에 없습니다. 그러나 성령이 임하시면 은사를 주시고, 하나님의 일에 열정을 갖고 감당케 해주십니다. 다섯째, 우리의 삶에 의미를 주십니다. 우리는 성령의 능력을 통해 진정한 의미와 목적을 재발견합니다. 성도 여러분, 이런 유익을 체험하며 오늘을 살아가십니까?

성령으로 난 사람의 표지

오늘 성경에 예수님께서 성령으로 난 사람이 있다고 말씀하십니다. 성령으로 난 사람, 말씀 그대로 성령으로 출생한 사람입니다. 거듭난 사람입니다. 영생을 소유한 자입니다. 천국 시민권을 가진 자를 말합니다. 성령으로 말미암지 않고는 될 수 없는 존재가 성령으로 새롭게 된 존재입니다. 성령으로 새롭게 출생했습니다. 'rebirth!' 이것을 우리는 'born again'이라고 합니다. '다시 태어났다'는 것입니다. 여러분은 그런 사람입니까?

그러면서 예수님께서 말씀하십니다. "육으로 난 것은 육이요 영으로 난 것은 영이니." 예수님 보시기에는, 성령 충만한 자가 볼 때는 두 가지 유형의 사람이 있을 뿐입니다. 육신의 출생으로 인한 생명력으로 사는 사람과 영으로 출생한 사람입니다. 육신에 속한 자는 육의 생명에 끌려갑니다. 보이는 것에 끌려갑니다. 우리는 항상 그렇게 살았고, 그런 모습으로 살아가고 있습니다. 그런데 그에게 영으로 출생한 생명이 있다면 영의 생각을 하며, 영의 일을 하며, 새로운 인생을 시작하고 완성하게 됩니다. 예수님께서 말씀하십니다. "육으로 난 것은 육이요 영으로 난 것은 영이니." 영적 출생의 신비를 우리에게 말씀해 주십니다. 그리고 이렇게 말씀하십니다. "성령으로 난 사람도 다 그러하니라."

이 출생이 신비롭지만, 바람과 같이 그 결과가 나타납니다. 영적 출생의 결과가 그 사람을 통해서 나타납니다. 보이지 않고 다 이해할 수 없습니다. 그러나 결과로 알 수 있습니다. 그것을 체험합니다. 그리고 말합니다. "성령으로 난 사람이다. 성령의 역사가 내 안에 나타났다." 성도 여러분, 이는 지식의 문제도 아니요, 환경의 문제도 아니요, 신분의 문제도 아닙니다. 이것이 복음입니다. '성령으로 인하여 성령으로 출생한 자는 다 그러하다.' 결과를 보고, 알고, 확신한다는 말입니다. 여러분은 이런 성령의 표지를 가지고 오늘을 살아가십니까?

성령으로 난 사람, 이것은 변화된 사람을 말합니다. 새롭게 무언가가 그 사람 안에서 나타난 것입니다. 성령의 결과가 나타나서, 그것을 보고 알 수 있는 사람입니다. 성도 여러분, 여러분 안에 이런 성령의 결과가 나타나 날마다 체험하며, 고백하며, 기뻐하며 오늘을 살아가십니까? 분명한 표지를 알아야 합니다. 내가 성령을 받고 영생을 받은 근거가 무엇입니까? 이것은 추상적인 이야기가 아닙니다. 객관적인 근거가, 결과가 나타나는 것입니다.

먼저, 성령의 사람은 성령의 존재와 역사에 대한 확신을 갖고 살아갑니다. 성령 받기 전에는 모호했습니다. 알지 못했습니다. 성경에서 말씀하니까, 성령을 받으면 성령이 계시다는 것을 알지만 불확실했습니다. 그러나 성령을 받고, 성령의 결과가 나타나고 보니 확신하게 됩니다. 보고 알게 되었습니다.

성령의 역사가 없으면 누구도 하나님의 자녀가 될 수 없고, 천국에 들어갈 수도 없고, 영생을 받을 수도 없음을 확실하게 알았습니다. 그러니 변화될 수밖에요. 이제 성령은 누구시며, 무슨 일을 하시는지 깊은 관심을 갖고 질문을 하게 됩니다. 그리고 성령을 통하여 성경 안에서 그 답을 듣습니다. 그렇기에 매일매일 성령께 삶을 의탁합니다. 성령께 기도합니다. 성령이 함께하지 않으시면 나는 하나님의 사람으로 살아갈 수 없습니다. 영생을 받았다고 내가 스스로 확신한다 하더라도 영생의 삶을 살아갈 수 없고, 누릴 수도 없습니다. 그것을 확신하게 됩니다. 성도 여러분, 분명히 성령을 받은 사람이며 성령을 믿는데, 왜 오락가락합니까? 성령의 가장 큰 장애물은 죄입니다. 이는 성경의 선언입니다. 죄 문제가 해결되지 않으면, 그래서 죄 중에 살 때에는 성령의 능력이 소멸됩니다. 이를 잊어서는 안 됩니다.

성령이 임할 때 나타나는 현상

성령이 내게 임하실 때 두 가지 뚜렷한 현상이 나타납니다. 먼저, 죄에 대한 인식이 생깁니다. 이전에는 그것이 죄인 줄 몰랐습니다. 그런데 이것이 엄청난 죄임을 깨닫습니다. 죄에 대한 분별력이 생깁니다. 그리고 죄를 해결해 주십니다. 그래서 예수 그리스도께로 가는 것입니다. 죄에 대한 인식이 새로워지며, 동시에 예수 그리스도께로 나아갑니다. 그분만이 해결해 주실 수 있음을 알기 때문에 그분의 은혜로 달려갑니다. 이것이 변화된 삶입니다.

또한 성령의 사람은 영 주도적인 삶을 삽니다. 비로소 하나님 중심의 삶을 살아갑니다. 성령 받기 전에는 보이는 것에 끌려갔습니다. 집착했습니다. 세상 중심, 물질 중심, 소유 중심, 나 중심, 환경 중심으로 끌려갔습니다. 우리는 매일매일 경험합니다. 육신의 생명이 그렇게 나를 끌어갑니다. 그러나 성령을 받고 보니, 그것보다 더 큰 세계를 보게 됩니다. 보이지 않는 세계를 마치 보는 것처럼 확신하며, 소망하며 살아갑니다. 보이지 않는 하나님이시나, 하나님은 살아 계십니다. 하나님 중심의 삶을 살며, 그 말씀을 따라 새로운 삶을 살아갑니다. 소망 자체가 변화됩니다. 그래서 예수님께서 말씀하십니다. "육으로 난 것은 육이요 영으로 난 것은 영이니." 뚜렷한 구별이 삶에서 체험됩니다. 보이는 것에 끌려가던 자가 보이지 않는 것을 보며, 알며, 확신하며 살아갑니다.

그러한 시작에 성령께서 우리의 눈을 뜨게 하십니다. 영적인 눈을 뜨게 하십니다. 영적인 지식을 갈망하며 앎으로, 믿음으로 소망하며 살아갑니다. 완전히 달라졌습니다. 이전에는 이성적 판단에서, 이성적 인식 속에서만 살았는데, 그 한계를 넘어갔습니다. 이제는 이성을 넘어 영적인 세계, 영적인 지식을 추구하며 살아갑니다. 이성적 한계에서는 눈에 보이는 것이 전부이며, 세상이 모든 삶의 중심이요 끝이라고 생각했습니다. 그런데 영적인 눈을 뜨고 보니, 그것과는 비교도 안 되는 위대한 세계가 있습니다. 더 큰 세상을 바라보며, 그 안에서 지혜를 얻고, 용기를 얻고, 능력을 얻으며 오늘을 살아가게 됩니다. 이것이 성령의 역사의 결과입니다.

그리고 또 성령의 사람은 성경의 사람으로 변합니다. 이전에는 세상 지식, 나의 경험과 판단이 모든 기준이었는데, 성령을 받고 보니 아닙니다. 그것은 부분적 지식입니다. 부분적 결론입니다. 온전하지 못합니다. 이제는 성경 말씀에 따라, 하나님의 말씀을 기준으로 생각하고 판단하며 오늘을 살아가게 됩니다. 그래서 하나님의 사람인 존 웨슬리 목사님의 유명한 고백이 있습니다. 그는 중생하고 성령을 받은 후에 외칩니다. 평생을 그런 고백 속에 살아갑니다. "나는 한 책의 사람이 되었다." 바로 성경책입니다. 한 책의 사람으로 오늘을 살아갑니다. 성경의 사람으로 변했음을 고백합니다.

성도 여러분, 성령의 역사와 하나님의 말씀은 항상 함께합니다. 이것이 분리되면 아무것도 아닙니다. 성령 충만함을 받았고 성령의 체험이 있다고 하는데, 도무지 성경을 가까이하지 않고 묵상하지 않는다면, 그것은 신비주의에 빠진 잘못된 신앙생활입니다. 성령께서 성경의 권위를 우리에게 알려주십니다. 하나님의 말씀인 성경을 읽고 삽니다. 그처럼 변해갑니다. 그리고 성경을 읽는 중에 성령께서 우리에게 분별력을 주십니다. 비로소 성경을 통해서 종교 서적이 아니라, 하나님의 말씀을 듣게 됩니다. 하나님의 뜻을 분별하게 됩니다. 진리와 진리 아닌 것을 분별합니다. 온전한 진리와 부분적 진리에 무슨 차이가 있는 줄 알게 됩니다. 종교와 기독교를 분별하게 됩니다. 그리스도인과 독실한 종교인이 구별되기 시작합니다. 하나님을 알고, 하나님의 뜻을 분별하게 됩니다. 이것이 성령의 역사의 결과입니다.

또한 성령으로 난 사람은 오직 예수 그리스도만을 소망하며, 예수 그리스도와 연합한 자로 오늘을 살아갑니다. 예수 믿기 전에는 그렇지 않았습니다. 그런데 성령으로 인하여 영생을 소유하고 보니, 이 영생을 주신 분이 그리스도시요, 그분은 살아 계시고, 영생의 빛으로 우리 안에서 역사하십니다. 그래서 그리스도를 아는 지식을 갈망합니다. 사실 예수 그리스도에 관한 가장 명확한 책인 성경, 예수 그리스도라는 이름이 명확하게 나오는 신약성경은 그 분량이 얼마 되지도 않습니다. 그러니 신약성경에서 예수 그리스도라는 인격에 집중합니다. 그리고 그리스도의 마음을 본받으며, 그를 따르는 삶을 살기를 기뻐합니다. 그런 과정 속에서 자기가 부인됩니다. 육신에 속한 자의 생명력이 약화됩니다. 그리고 자기 십자가를 지고, 그리스도 중심의 삶을 살아가게 됩니다.

성령이 역사하는 모습

하나님의 사람 찰스 스펄전 목사님의 일화입니다. 어느 날, 한 남자가 찾아와서 말했습니다. "목사님, 저는 다른 교회 다니는 사람이지만, 저를 꼭 만나셔야 됩니다." 그리고 만나서 이렇게 말합니다. "제가 계속 기도 중에 하나님의 음성을 들었습니다. 성령께서 제게 말씀하셨습니다. 목사님, 성령 믿으시죠? 목사님께 가면 목사님이 저한테 10파운드를 주신다고 말씀하셨습니다. 그리고 그걸 받아오면 어디에 쓸지를 알려주시겠다고 하셨는데, 저 어떻게 하면 좋겠습니까?" 그런데 보니 시원찮고, 뭔가 성령을 이용하려는 사람이었습니다. 뭔가 잘못된 신앙생활을 하고 있다고 생각해 이렇게 말했다고 합니다. "성도님, 잘 알았습니다. 그런데 만일 성령께서 당신에게 그 말씀을 하셨다면 제게도 그 말씀을 주실 것입니다. 아직 나는 그 말씀 못 들었으니 주소를 적어두고 가서서 좀 기다리세요. 성령께서 내게 말씀하시면 꼭 돈을 보내드리겠습니다." 우리 주변에 종종 있는 일입니다. 신학자나 목회자, 많은 사람이 성령의 역사를 주관적으로 해석해서 '지난밤에 내게 말씀하시고, 언제 내게 말씀하시고'라고 합니다. 하지만 정말 아닙니다. 알 수도 없는 모호한 말을 하는 사람들이 많습니다.

성도 여러분, 성령의 역사는 항상 주관적인 동시에 객관적인 사건으로 나타납니다. 그것이 바로 예수 그리스도입니다. 그 외에는 가짜라고 생각하시면 됩니다. 혼자 그런 음성을 들었거든, 그냥 혼자만 갖고 계십시오. 객관적인 계시가 나타날 때까지요. 예수님께서 말씀하십니다. "진리의 성령이 오시면 (중략) 그가 내 영광을 나타내리니 내 것을 가지고 너희에게 알리시겠음이라"(요 16:13-14). 성령은 자의로 말씀하지 않습니다. 객관적인 계시를 우리에게 주시면서 역사하신다는 사실을 항상 기억해야 합니다.

그리고 그 성령께서 예수 그리스도 안에서 새로운 가족을 주십니다. 새로운 공동체를 이루십니다. 그것이 교회입니다. 그리스도의 몸 된 교회입니다. 새로운 성도의 교제와 관계가 생겼습니다. 이것이 얼마나 특별합니까! 서로 알게 되었습니다. 비록 우리는 서로 죄인이지만, 하나님의 은혜로 말미암아 주의 복음을 듣고 믿음으로 새 생명을 얻었습니다. 영생을 얻었습니다. 거듭난 자입니다. 그 표지가 나타나기 시작했습니다. 서로 인정해 줍니다. 서로 인식합니다. 서로 사랑합니다. 시간이 지나보십시오. 형제보다 더욱더 가까운 신뢰관계의 새로운 관계가 형성됩니다. 이것을 무시하고 "난 나 홀로 성령 받았어. 나 혼자 구원을 받을 거야"라고 말하는 것은 신비주의에 빠져 잘못된 것입니다.

그리고 성령의 사람은 하나님의 나라와 하나님의 의를 먼저 구하는 삶을 실제로 살아갑니다. 예수님이 말씀하신 "너희는 먼저 그의 나라와 그의 의를 구하라"는 말씀이 내게 사건이 됩니다. 예수 그리스도 중심의 삶을 살아가니, 이제는 세상 중심의 삶을 살 수가 없습니다. 우리 안에 있는 영생이 영원한 세계를 바라보게 합니다. 살아 계신 그리스도를 바라보고, 오직 한 분이신 하나님을 경외하는 자로 살아가게 만듭니다. 변화되었습니다. 세상 속에서 복음의 증인으로 살아갑니다. 새로운 가치관과 세계관을 말합니다. 그것이 성령의 역사입니다. 인생의 목적이 완전히 변합니다. 성령 받기 전에는 나의 소원을 이루어야 되고, 대의를 생각하고, 인류애를 말하지만, 이제는 오직 하나님께 영광, 그것뿐입니다. 오직 하나님께 영광 돌리는 삶을 향하여 달려갑니다. 그 영광이 내 안에 나타나지 않으면, 나를 통해서 나타나지 않으면 불편하고 죄스럽습니다. 그 은혜에 죄송합니다. 내게 은혜 주신 그 하나님을 바라보며, 하나님께 영광 돌리는 삶을 살아가게 됩니다. 만일 이러한 삶의 결과가 나타나지 않았거든, 그는 성령의 사람이 아닙니다.

성도 여러분, 성령의 역사는 명백하게 역사 안에 사건으로 나타납니다. 성령의 사람을 통해서 나타납니다. 나타나지 않는 것은 추상적인 진리입니다. 성령의 역사는 바람과 같이 볼 수 없으나, 나타나는 사건입니다. 그 결과를 보고 알 수 있는 사건입니다. 그러나 성령은 강권적으로 역사하시기 때문에 사람마다 다르게 나타납니다. 이것을 비교하지 마십시오. 이것을 비교하다가 영적 위험에 빠진 사건이 서신서에, 특별히 고린도전서에 잘 기록됩니다. 어떤 성경 말씀으로 중생했는지는 사람마다 다릅니다. 어떠한 체험을 가졌는지도 사람마다 다릅니다. 어떠한 은사를 성령께서 주시는지가 사람마다 다릅니다. 이것을 비교할 때 더 큰 위험에 빠집니다. 바로 여기에 마귀의 역사가 있습니다. 성령의 역사가 충만하면 충만할수록 사탄의 역사가 강하게 나타납니다. 이 다름의 사건 속에서 분별력을 갖지 못하는 자들을 향하여 마귀가 속삭입니다. 자꾸 비교하게 만들고, 애매하게 만듭니다. 성령의 역사는 보이지 않는데 뭘 그걸 믿느냐고, 이해도 못하면서 괜히 맹목적으로 추구하지 말라고 말합니다. 자꾸 속삭이는 중에 모호해지고 불신하게 됩니다. 우리가 종종 경험하는 바입니다.

영생의 결과와 성령의 역사

성도 여러분, 우리 안에 영생이 있습니까? 그렇다면 영생의 결과가 나타납니다. 왜냐하면 성령의 역사이기 때문입니다. 나타나지 않는 성령의 역사가 어디 있습니까? 성령의 역사란 결과로 나타납니다. 누구는 갑자기, 누구는 점진적으로 서로 다르게 나타납니다. 그 나타남을 보고 비로소 그가 성령의 사람인지, 거듭난 그리스도인인지를 알게 됩니다. 성도 여러분, 내 안에 성령의 역사와 그 결과가 나타났고, 나타난 그 사실을 체험하고 있습니까? 깊이 생각해야 합니다.

하나님의 사람 무디와 함께 복음주의 운동에 참여했던 R. A. 토레이 박사가 있습니다. 그는 20세기 초 아주 중요한 신학자이며 목회자였는데, 성령론에 대한 책을 여러 권 썼습니다. 제가 신학교에서 성령론을 강의할 때, 이분의 책을 많이 인용했습니다. 그의 유명한 신앙고백이 있습니다. 그는 매일매일 이런 고백을 했다고 합니다. 아침에 일어나서 제일 먼저

한 기도입니다. "하나님, 오늘도 나를 성령 충만하게 도와주십시오. 성령 충만 없이 하룻길을 걷는 것이 두렵습니다." 그리고 이렇게 말했답니다. "성령 충만하지 않다고 느낄 때, 나는 말을 조심한다. 왜냐하면 성령 충만하지 않을 때 내가 하는 말은 종종 실수요 실언이 될 수 있고, 이웃들에게 상처를 입힐 수 있기 때문이다. 성령 충만하지 않다고 느낄 때는 중요한 결정을 유보한다. 왜냐하면 종종 내 결정은 잘못될 수 있고, 믿지 않는 사람들과 같은 이기적인 결정을 할 수 있기 때문이다. 그래서 나는 성령 충만을 사모한다. 목이 타도록 사모한다. 목마른 사슴처럼 사모한다. 성령 충만을 구한다."

성도 여러분, 인간은 공기 없이는 살아갈 수 없는 존재입니다. 이처럼 성령을 받은 사람은 성령 없이는 살아가지 못합니다. 그는 영생을 받은 자입니다. 그리고 그 영생은 성령 없이는 영생의 빛을 발할 수 없습니다. 영생의 삶을 살아갈 수 없습니다. 성령의 역사는 사건으로, 결과로 우리 안에 나타납니다. 성령께서 예수 그리스도 안에서 우리에게 영생을 선물로 주십니다. 주의 복음을 믿는 자마다 성령을 주십니다. 그리고 세상 속에서 영생의 삶을 살며, 보이지 않는 세계를 갈망하며, 보이지 않는 영원한 나라를 소망하며, 하나님 중심으로 승리하도록 우리를 인도하십니다.

기도

전지전능하신 은혜의 하나님, 육신에 속한 자로 육신의 생명뿐인 삶을 살아가는 자에게 주의 복음을 듣고 믿음으로 영생이 우리 안에 주어졌고, 성령의 역사로 이 놀라운 위대한 일이 내 안에 시작되었음을 깨닫게 하시고, 그 결과를 보고 알게 해주심을 진심으로 감사드립니다. 그러나 성령의 존재와 역사에 대한 불확실성과 의심과 혼동으로 말미암아 하나님의 자녀가 누구이며, 하나님이 우리 안에 행하신 일이 무엇인지를 알지 못한 채 또다시 옛사람의 본성에 이끌려 맹목적인 종교생활을 하며, 나 중심, 세상 중심의 삶을 추구하는 죄인을 불쌍히 여겨주시옵소서. 성령이시여, 영생을 소유한 자로 영생의 역사의 증거를 가지고 성령의 역사를 날마다 체험하며, 우리 주변에 성령의 존재와 역사를 알지 못하는 어둠 속에 있는 자를 향하여 주의 복음을 담대히 선포하며, 영의 생각에 이끌리어 영적 체험으로 충만한 승리의 삶을 살아갈 수 있도록 함께하여 주시옵소서. 우리 주 예수 그리스도의 이름으로 간절히 기도드리옵나이다. 아멘.

06
—

율법과 복음

율법은 모세로 말미암아 주어진 것이요 은혜와 진리는 예수 그리스도로 말미
암아 온 것이라   — **요한복음 1:17**

율법과 복음

성경 교사이며 목사인 M. R. 디한 박사가 쓴 『율법이냐 은혜냐』(*Law or Grace*)라는 책이 있습니다. 그 책에서 그는 그리스도 안에 있는 신자가 율법 아래에 있는지에 대한 질문이 초대교회 이래로 계속 논쟁되고 있다고 지적합니다. 그러면서 이 문제에 대해 성경이 명백하게 답을 주는데, 그럼에도 불구하고 여전히 다른 해석이 등장하여 잘못된 신앙생활을 하고 있는 오늘의 현실을 살펴보면 세 가지 그릇된 생각 때문이라고 경고해 주고 있습니다.

첫째가 율법주의 때문입니다. 율법주의는 문자 그대로 율법을 지킴으로 선행을 많이 하고 계명에 순종함으로 구원받는다고 믿는 진리를 뜻합니다. 이것은 기독교 진리가 아닙니다. 둘째는 반율법주의 때문입니다. 이것은 율법주의와 정반대입니다. 은혜로 구원받았기 때문에 어떻게 살든 아무렇게나 행동해도 구원받을 거라고 믿는 생각을 지적합니다. 이것은 잘못된 것입니다. 율법은 하나님의 법이요, 절대 진리입니다. 우리는 율법 앞에서 회개하고, 율법을 지켜야 할 책임이 있습니다. 셋째는 아주 교묘한 것 때문입니다. 그는 그것을 '갈라디아주의'라고 말합니다. 갈라디아 교회의 거짓 선지자들이 나타나서 거짓 사상을 널리 퍼뜨렸습니다. '은혜로 구원받았지만, 행위로 구원을 완성한다.' 아주 그럴듯한 논리로 율법과 복음을 합해서 다른 복음을 전합니다. 가장 성경적인 것 같지만, 가장 큰 악입니다. 이것은 기독교의 선포가 아닙니다. 이것을 분별해야 합니다.

우리를 사랑하셔서 주신 계명

성도 여러분, 율법에 대해서 분명한 분별력을 가지고 오늘을 살아가십니까? 율법의 목적과 기능과 요구를, 그리고 하나님의 뜻을 분명히 알고 분별하며 오늘을 살아가십니까? 율법은 정말 하나님의 말씀입니까? 여러분은 율법을 지킵니까, 아니면 지키지 않습니까? 분명히 알아야 합니다. 율법, 즉 십계명은 하나님께서 우리를 사랑해서 주신 계명입니다. 그 속에는 하나님의 의가 선포되어 있습니다. 의의 기준이 나타나 있습니다. 그래서 율법은 성경이 거룩하고, 의롭고, 선한 것이라고 증거합니다. 죄에 대해서 생각해 보십시오. 세상 사람들은 죄를 세상 기준이나 또는 자기 기준으로 생각합니다. '이것은 죄이고, 저것은 죄가 아니다.' 잘못된 방식입니다. 죄는 하나님의 기준에서 물어야 합니다. 그런고로 죄를 알려면 율법 앞에 서야 합니다. 율법을 바라보아야 합니다. 율법으로 말미암아 비로소 인간은 죄가 무엇인지를 분별하게 됩니다. 이것이 하나님의 의도이며 은총입니다. 그래서 율법의 목적은 죄를 깨닫게 하는 것입니다.

더 나아가 하나님의 의를 알며, 하나님이 기뻐하시는 일이 무엇인지를 분별하게 합니다. 그러나 명백하게 우리가 알아야 될 것은 율법을 지킴으로 구원받을 자가 없다는 것입니다. 다시 말해서 하나님께서 율법을 주실 때, 율법 안에 구원의 능력을 포함시키지 않으셨습니다. 어느 누구도 율법을 지켜서 구원받을 자가 없습니다. 하나님께서 이것을 이미 아시고, 전지전능하신 하나님께서 인간에게 율법을 주신 것입니다.

예수님께서 십계명을 이중계명으로 요약하시고 인정하셨습니다. 첫째가 온 마음을 다하여 여호와 하나님을 사랑하는 것이고, 둘째는 네 이웃을 네 몸과 같이 사랑하라는 말씀입니다. 이것은 절대 진리입니다. 변함없는 영원한 진리입니다. 이 계명은 하나님께서 인간의 행복을 위하여 안정되고 질서 있는 삶을 살게 하시기 위하여 주신 계명입니다. 한번 삶에 적용해 보십시오. 예를 들어, '살인하지 말라'는 계명 하나만 지켜도 세상은 달라질 것입니다. 폭력이 없어지고, 전쟁과 살인도 없어질 것입니다. 문제는 지키지 않는다는 점입니다. 하나님께서 율법을 주신 것은 율법 앞에서 스스로 죄가 무엇인지를 인식하며, 스스로 죄인 됨을 깨달으며, 그 죄의 문제를 해결하기 위하여 하나님 앞에 나오게 하기 위함입니다. 오직 하나님의 긍휼을 구하는 것입니다. 그래야 죄의 문제를 해결할 수 있으니까요. 이것이 하나님의 의도입니다.

동시에 율법을 지키지 못할 때, 율법에 불순종했을 때는 죄의 대가를 치러야 합니다. 그것이 하나님의 심판입니다. 성경은 '죄의 삯은 사망'이라고 말씀합니다. 율법을 지키지 못하여 하나님의 말씀에 불순종했을 때, 그 대가는 하나님의 진노와 심판으로 나타납니다. 벌써 영적으로 죽어 하나님과 분리되며, 하나님은 없다고 하면서도 무엇이 잘못되었는지 모릅니다. 그렇게 육신에 속한 자로 살다가 결국 멸망에 이른다는 것이 성경의 선언입니다. 성경, 특별히 구약성경을 생각해 보십시오. 얼마나 많은 심판과 하나님의 진노가 나타나고 있습니까? 수많은 사건, 그 모든 사건이 다 하나님의 율법에 대한 심판을 기록한 것입니다.

성도 여러분, 성령께서 영생을 소유한 자에게, 성령으로 난 자에게 분별력을 주십니다. 이것을 잊지 마십시오. 성령께서 분별력을 주시지 않으면 하나님의 뜻을 분별할 수 없습니다. 성령께서 우리 안에 계셔서 먼저 예수님이 누구신지, 무슨 일을 하셨는지를 명백하게 알게 하십니다. 성경을 통해서 분별하고 알게 하십니다. 그리고 예수 그리스도 안에서 하나님이 누구시며, 어떤 일을 행하시는지를 분별하고 알게 하십니다. 이제는 거짓된 종교에, 거짓 진리에 속지 않습니다.

하나님의 말씀을 통한 분별력

하나님의 말씀은 율법과 복음에 대한 분명한 분별력을 주십니다. 그래야 우리는 이 세상에서 승리할 수 있기 때문입니다. 교회와 기독교의 선포는 오직 복음입니다. 율법도 하나님이 주신 것이며 거룩한 것이지만, 율법이 아닌 오직 복음입니다. 동시에 인간이 만든 어떤 제도나 전통이나 관습, 또 프로그램이나 이벤트 같은 것도 아닙니다. 본질은 복음입니다. 왜냐하면 영생을 얻어야 되니까요. 하나님의 자녀 되어야 하고,

천국 들어가야 하고, 은혜의 충만함이 우리에게 나타나야 하니까요. 하나님께서 계속해서 우리를 보호하시고 인도하셔야 되니까요. 성령으로 나지 않는다면 이 일이 시작되지 않습니다. 아무리 내가 공을 들여 탑을 쌓고, 선행을 많이 해도 한순간에 무너지고 맙니다. 역사가 말해 주고, 나 자신이 삶에서 경험하는 바입니다.

그럼에도 불구하고 오늘날 복음이 실종되었습니다. 한국 교회의 가장 큰 문제는 이것입니다. 먼저 율법주의입니다. 그래서 기복신앙이 생깁니다. 율법을 지킴으로 더 큰 복을 받고, 스스로 선행을 하므로 더 큰 은혜를 받으려고 합니다. 이것이 이성적으로 맞는 것 같지만 아닙니다. 이것은 종교생활이지, 하나님과 거래하는 행위이지 복음이 아닙니다. 진리가 아닙니다. 그런데도 그것에 빠져갑니다. 또 다른 현상은 무율법주의입니다. '나는 복음으로 구원받았으니 어차피 구원받을 사람이고, 구원받은 것이니 마음대로 행동해도 돼.' 이렇게 자기 마음대로 하다가 지옥 갑니다. 그것은 기독교의 진리가 아닙니다. 분별력이 없는 것입니다. 끝으로 가장 교묘한 것이 복음과 율법을 합치는 것입니다. 은혜로 구원받았지만, 율법과 율법의 행위로, 나의 선행으로 구원이 보장되고 완성된다고 합니다. 가장 논리적인 것 같지만, 하나님의 진리를 파괴하는 행위입니다. 복음을 파괴하는 행위입니다. 이것을 분별해야 합니다. 왜 이런 일이 계속 기독교 안에, 교회 안에 일어나는 것입니까? 그것은 바로 분별력이 없기 때문입니다. 말씀을 전하는 자나 듣는 자가 분별력을 잃었습니다. 다시 말하면, 성령이 주시는 분별력이 없기 때문입니다. 성령의 능력이 소멸되었기 때문으로, 성령께서는 반드시 영생을 가진 자에게 분별력을 주십니다. 그런데 미혹된 것입니다. 그 능력을 소멸했기 때문으로 이것을 회개해야 합니다.

중세시대에 성자로 추앙받던 프란체스코의 유명한 일화입니다. 그는 특정한 목적을 가지고 많은 제자들과 함께 40일 금식기도를 행했습니다. 그런 중에 한 제자가 다른 제자의 멱살을 잡고 끌고 나오며 말합니다. "스승님, 알고 봤더니 이 녀석이 몰래몰래, 그것도 매일매일 주방에 가서 수프를 훔쳐 먹었습니다. 이놈, 나쁜 놈입니다. 이놈을 혼내주세요." 이 이야기를 듣고 있던 다른 제자들이 더 화가 났습니다. 막 분노했습니다. 그때 프란체스코가 "그 수프 좀 가져 와 봐라"해서 가져오니, 바로 한 스푼 떠서 먹었습니다. 금식 중인데도 그런 행동을 하니 제자들이 더 깜짝 놀랐습니다. 그때 한 유명한 말입니다. "우리가 금식하는 이유는 예수님을 깊게 묵상하며, 그분의 성품을 배우고자 함이다. 금식을 했다고 우월감을 갖고 남을 비방하기 위해서가 아니다. 그런 금식이라면 여기서 당장 그만두는 것이 훨씬 좋다." 이 세상에 수많은 유혹들이 있습니다. 분별력이 있어야 합니다.

율법과 은혜와 진리

오늘 우리에게 주신 고유한 하나님의 말씀에 귀를 기울이시기 바랍니다. "율법은 모세로 말미암아 주어진 것이요 은혜와 진리는 예수 그리스도로 말미암아 온 것이라." 율법과 은혜와 진리, 여기서 은혜와 진리는 복음, 즉 영생의 복음을 의미합니다. 율법과 복음을 명백히 구별하고 있습니다. 이렇게 율법과 복음을 대조하고 비교한 이유는 율법이 필요 없거나 하찮다는 의미가 아닙니다. 이미 말씀드린 것처럼 율법은 거룩한 것이요, 의로운 것이요, 선한 것이요, 하나님의 의의 계시입니다. 그러나 복음과 비교하면 그것은 아무것도 아닙니다. 그 귀한 율법도 복음과 비교하면, 복음의 위대함과 영광과 충만함과 비교해 보면 작아집니다. 성경 말씀대로 모세와 예수 그리스도를 한번 생각해 보십시오. 아무리 이스라엘 민족의 지도자라 해도 모세가 어떻게 예수님과 비교할 수 있는 인물입니까? 이처럼 복음은, 예수 그리스도께서 율법과 모세와는 비교할 수 없는 위대한 영광을 가지고 있음을, 위대한 하나님의 지혜와 능력이 나타나 있음을 강조합니다.

성도 여러분, 오늘 성경에 은혜와 진리가 예수님으로부터 말미암았다고 하지만, 이것을 문자로 해석하면 안 됩니다. 은혜와 진리는 율법 안에 있는 것입니다. 율법 자체가 하나님의 은혜와 진리입니다. 예를 들면, 죄 사함을 받기 위해 내가 죄를 지었지만 동물의 피를 통해서 제사를 지낼 때 하나님께서 율법을 따라 죄를 면책해 주십니다. 그 자체가 은혜입니다. 내가 죄를 지었으면 죗값을 치러야 합니다. 하지만 이렇게 죄 사함을 받는 하나의 길을 열어주셨습니다. 은혜입니다. 그 자체가 하나님이 주신 말씀입니다. 진리입니다.

그런데 오늘 성경은 은혜와 진리는 예수 그리스도로 말미암은 것이라고 말씀합니다. 아무리 은혜와 진리가 율법에 있어도, 그 율법 안에는 영생에 이르는 은혜가 없음을 강조합니다. 하나님의 자녀 되는 복이 없습니다. 천국 들어가는 길이 없습니다. 어느 누구도 율법을 지키는 것으로는 불가능합니다. 영생을 받을 만한, 천국에 들어갈 만한 은혜와 진리는 오직 복음 안에 있습니다. 율법의 목적이 그게 아니기 때문입니다. 이것을 구별해야 됩니다. 오직 복음 안에만 은혜와 진리가 충만히 계시되어 있습니다. 그래서 예수 그리스도로 말미암아 온 것이라고 합니다. 예수가 누구십니까? 하나님이십니다. 요한복음은 계속 그것을 증거합니다. "태초에 말씀이 계시니라 이 말씀이 하나님과 함께 계셨으니 이 말씀은 곧 하나님이시니라"(요 1:1) 그리고 "말씀이 육신이 되어 우리 가운데 거하시매 우리가 그 영광을 보니 아버지의 독생자의 영광이요 은혜와 진리가 충만하더라"(요 1:14). 예수 그리스도가 주신 것이 바로 이 복음입니다. 그 안에 은혜와 진리가 충만히 있다는 것을 나타내는 말씀입니다.

그리고 오늘 본문 앞의 16절은 말씀합니다. "우리가 다 그의 충만한 데서 받으니 은혜 위에 은혜러라." 율법으로는 비교할 수가 없습니다. 영생을 받고, 하나님의 은혜를 받고, 하나님의 사랑을 받고, 하나님의 자녀가 되고, 천국 들어가는 것을 말로 다 표현할 수가 없습니다. 단지 예수 그리스도의 충만한 데서 받으니, 은혜와 진리의 충만함을 받으니 은혜 위에 은혜입니다. 충만한 은혜에 있음을 성경이 기록합니다. 그것을 17절을 통해서 표현한 것입니다.

그렇기에 율법이 먼저입니다. 모세가 예수 그리스도보다 훨씬 먼저 이 땅에 오신 것처럼, 율법이 복음 이전에 훨씬 먼저 이 땅에 온 것처럼 율법이 먼저 와야 됩니다. 이것을 잊지 마십시오. 이것은 하나님의 질서요, 구원의 방식입니다. 율법이 항상 먼저 있어야 합니다. 이제 율법이 와서 율법 아래 살아갑니다. 율법의 판단으로 보니 모든 인류가 율법 아래에 있고, 다 율법을 지키지 못합니다. 다 죄인입니다. 하나님의 율법으로 판단하면 그렇습니다. '의인은 없으되 하나도 없다.' 이 안에 이미 하나님의 진노가 나타났고, 하나님의 심판이 다가오고 있습니다.

복음과 예수 그리스도

성도 여러분, 이때 복음이 온 것입니다. 예수 그리스도가 오신 것입니다. 다시 말해서, 복음은 율법의 심판을 벗어나게 하기 위한, 율법의 정죄로부터 자유인이 되기 위한 하나님의 은혜였던 것입니다. 그래서 결론적으로 율법이 없다면 예수께서 오실 필요가 없습니다. 율법을 믿지 않는다면 예수 그리스도를 믿을 필요가 없습니다. 그래서 갈라디아서 3장 13절에 이렇게 기록합니다. "그리스도께서 우리를 위하여 저주를 받은 바 되사 율법의 저주에서 우리를 속량하셨으니." 십자가의 사건입니다. 율법의 저주에서, 율법의 무서운 하나님의 심판에서 우리를 속량하셨습니다. 구원하셨습니다. 이것이 복음입니다. 복음은 율법 아래 나타난 하나님의 은혜입니다.

그렇기에 율법이 먼저입니다.

이렇게 생각할 수 있습니다. 항상 이런 고민을 가질 수 있습니다. 왜 저 사람은 예수님을 안 믿을까? 내가 이처럼 복음을 전하고 위해서 기도하는데 왜 예수님을 믿지 않는가? 왜 예수님을 알기를 갈망하지 않는가? 물론 여러 가지 이유가 그 사람에게 있습니다. 환경적인 이유도 있습니다. 그런데 그것이 본질은 아닙니다. 가장 중요한 것은 그 사람이 율법을 믿지 않는 것입니다. 율법을 거부합니다. 죄가 무엇인지 모릅니다. 율법의 저주, 하나님의 진노와 심판을 도무지 믿지 않습니다. 다 추상적입니다. 그러니 복음을 믿을 필요가 없습니다. 예수 그리스도를 믿을 필요성을 알지 못합니다. 그만큼 죄 가운데 있는 상태를 우리가 봅니다.

유대인, 그들은 율법을 소유했고 지켰지만, 율법주의에 빠져서 율법에 대해 결국 무지합니다. 아무도 지킬 수 없는데, 위선적으로 지켰다고 생각하면서 하나님의 진노와 심판은 이방 사람들에게만 있다고 생각합니다. 자신들에게 있을 것이라고는 생각하지 않습니다. 그래서 예수님을 안 믿습니다. 복음이 필요 없습니다. 이처럼 어처구니없는 현상이 오늘도 계속됩니다. 그렇기에 율법의 관점에서 복음을 바라보고 이해해야 합니다. 이것이 성령의 역사입니다. 성령이 우리에게 주신 분별력으로 율법과 복음은 별개지만, 이것이 하나님의 주권 속에 연결되어 있음을 깨닫습니다. 율법의 관점에서 복음을 바라보아야 복음이 복음 되고, 복음의 능력을 압니다. 율법의 관점에서 은혜를 바라보아야 은혜가 은혜 됩니다. 은혜의 가치와 능력을 비로소 깨닫게 됩니다.

오늘날 생각해 보십시오. 많은 그리스도인들이 은혜와 사랑이라는 말을 많이 표현합니다. 그런데 조금 더 생각해 보면, 사랑이나 은혜를 너무 쉽게 말합니다. 그런데 그 마음 중심에 복음이 없습니다. 하나님의 뜻을 분별하지 못하는 것을 발견합니다. 이런 경우, 우리가 신학적으로 값싼 은혜라고 말합니다. 왜 이 상태에 이르렀을까요? 어떻게 은혜를 그렇게 취급합니까? 어떻게 은혜에 만족할 수 없을까요? 은혜를 모르기 때문입니다. 왜냐하면 하나님의 진노와 심판을 현실로 생각하지 않기 때문입니다. 성경을 보면서도, 구약성경을 읽으면서도 살아 계신 하나님의 진노, 심판, 율법의 저주를 추상적으로 여깁니다. 십자가를 보면서도 다 추상적인 것으로 여깁니다. 예수님은 온 인류의 죄를 대속하여 그 무거운 심판과 진노를 한 몸에 짊어지십니다. 그리고 탄식하십니다. 그것이 십자가의 역사요, 복음의 역사인데, 율법을 망각했습니다. 하나님의 진노와 심판을 믿지 않습니다. 그러니 내게 주신 은혜가 얼마나 고귀한지를, 그 가치와 능력과 깊이를 온전히 알지 못합니다. 그러니까 시간이 흐르면서 자연스럽게 은혜와 사랑이 지식으로만 남습니다. 이렇게 될 때 우리 안에 기쁨, 안식, 평강이 사라집니다. 우리는 항상 은혜를 체험해야 합니다. 이것을 회복하는 길은 오직 복음으로, 오직 예수 그리스도 안으로 다시 돌아와야 합니다.

예수 그리스도 안에 있는 은혜

오늘날 전도할 때 그러한 것을 많이 봅니다. 전도학 책에도 나오는 방법입니다. '예수님을 전하십시오. 예수를 믿어야 잘 삽니다. 예수 믿고 형통합니다. 예수 믿어야 원하는 것을 성취합니다. 예수 믿어야 가정이 행복합니다.' 이것은 가짜 복음입니다. 왜냐하면 율법적 관점이 하나도 없기 때문입니다. 죄의 삯은 사망이요, 하나님은 살아 계시고 죄를 미워하십니다. 하나님의 진노와 심판은 명백한 사건입니다. 성경은 그것을 기록합니다. 그럼에도 위의 말들에서는 그런 내용을 한마디도 들을 수가 없습니다. 그래서 "왜 이런 얘기는 안 합니까?"라고 물으면, "안 믿을까봐"라고 대답합니다. 그러면 사람이 믿게 하는 것입니까? 참으로 모순입니다. 하나님의 방식으로 해야 성령이 역사하시는데, 자기도 모르게 복음을 떠난 것입니다.

　성도 여러분, 복음은 율법적 관점에서 보아야 합니다. 그래서 오늘 성경은 하나님이 하신 행위를 기록합니다. 모세를 통해서 율법이 먼저 주어졌습니다. 그리고 때가 이르매 복음은 예수 그리스도를 통해서 우리에게 오셨습니다. 이것을 분명히 알아야 합니다. 그렇기에 복음과 율법은 오늘 성경 말씀대로 별개입니다. 혼합되면 안 됩니다. 가장 그럴듯합니다. 복음을 믿고 율법도 믿으니까, 합치면 더 구원의 역사가 확실할 것 같습니다. 하지만 이는 다른 복음입니다. 갈라디아서, 특히 로마서에도 명백히 말씀합니다. "저주를 받을 것이다." 초대교회부터 지금까지 계속 이런 일이 벌어집니다. 쉽게 이렇게 생각하십시오. 복음에 무엇을 하나 더 하는 것은 복음이 부족하다는 뜻입니다. 다시 말해서, 복음에 나타난 은혜와 진리의 충만함을 깨뜨리는 것입니다. 하나님의 영광을 깨뜨리는 것입니다. 왜냐하면 부족하다는 것이니까요. 그래서 뭐가 더해져야 된다고 생각하니까요. 그것이 기독교를 망칩니다.

　성도 여러분, 성령께서는 우리 안에서 분별력을 주십니다. 가장 먼저 주시는 것이 예수 그리스도입니다. 예수 그리스도 안에서 율법과 복음을 분별하게 됩니다. 그 분별력이 있어야 우리는 복음의 사람으로 세상에서 승리합니다. 그렇지 못하면 순식간에 종교인이 되고 맙니다. 율법주의에 빠지고, 무율법주의로 살아가며, 혼합주의에 빠지고, 기복신앙에서 허덕이면서 기쁨과 안식과 평강을 잃은 상태로 살아갑니다. 그러나 성령은 우리 안에서 영적 분별력을 주십니다. 복음의 위대함을 율법의 관점에서 깨닫고, 명백하게 알며, 믿음으로 복음의 사람으로 승리케 하십니다.

성도 여러분, 오직 복음 안에만 은혜와 진리의 충만함이 있습니다. 이것이 성경 전체의 기록이요, 약속입니다. 그래서 복음을 믿음으로 우리가 하나님의 자녀가 되고, 하나님과 바른 관계를 맺고, 하나님과 동행하고 교제해서 하나님이 주신 복을 누리면서 오늘을 살아가게 됩니다. 이 모든 것을 하나님의 은혜라고 말씀합니다. 이것은 다른 은혜와 비교할 수가 없습니다. '누가 내게 큰 호의를 베풀었다. 아, 은혜 받았다.' 지금 이런 차원을 말하는 것이 아닙니다. 하나님의 은혜, 오직 그 은혜가 있습니다. 우리가 믿음과 분별력을 갖고 하나님의 자녀가 됩니다. 그 은혜가 예수 그리스도입니다. 예수 그리스도의 사건을 통해서 그 은혜를 비로소 깨닫습니다. 은혜란 거저 주어지는 것입니다. 율법은 요구하는 바가 있습니다. 하나님께서 말씀하십니다. "율법을 지켜라. 지키지 않으면 죽으리라." 은혜는 요구하는 바가 없습니다. "받으라. 믿음으로 받으라." 얼마나 감사합니까! 또한 이것은 값없이 주시는 것입니다. 그래서 갚을 필요가 없습니다. 구제 불능한 죄인입니다. 받을 자격이 없는데, 은혜가 내게 온 것입니다. 모든 일을 향하여 이 은혜를 예수 그리스도께서 나타내주십니다. 얼마나 감사합니까!

충만한 은혜

또한 이 은혜는 충만한 은혜입니다. 내 은혜가 작다고 생각하지 마십시오. 그런 사람은 아직 영생을 받지 못한 사람입니다. 영생이란 충만한 데서 받는, 은혜 위에 은혜입니다. 생명이므로 확증되고, 그 영생을 소유한 대로 살아갑니다. 그런데 자꾸 부족한 은혜를 말하는 것은 지금 은혜가 뭔지를 모르는 것입니다. 그래서 성경은 충만한 은혜, 풍성한 은혜를 수없이 많이 기록합니다. 우리는 그 은혜를 받습니다. 그래서 우리 안에 성령이 계시고, 영생의 삶이 시작됩니다. 얼마나 감사합니까!

더욱이 이것은 단회적이지 않습니다. 이 은혜는 계속적입니다. 지속적이요, 미래적입니다. 영생을 주신 자에게 성령께서 충만한 은혜를 계속해서 주십니다. 그래야 우리가 세상에서 승리할 수 있습니다. 더욱이 이 은혜는 왕 노릇합니다. 인격입니다. 우리 안에서 권세로 나타납니다. 은혜의 주권에 따라 우리는 은혜에 응답하며 살아갈 뿐입니다. 그래서 이 땅에서 은혜 중심의 삶을 살게 됩니다. 나 같은 죄인이 구원받아 은혜로 말미암아 하나님의 자녀가 되었습니다. 이제는 원망과 불평이 없습니다. 누군가가 나에게 잘못을 해도, 억울하게 해도, 그때는 분노하지만 주의 은혜 안에 가만히 생각해 봅니다. 그 은혜를 찬송하다 보니까 은혜가 다 덮어버립니다. 그를 위해 기도하게 됩니다. 성도 여러분, 이 은혜를 알며, 분별하며, 은혜의 사람으로 오늘을 살아가십니까?

오래전에 있었던 일입니다. 한 가난한 중국인이 먼 길을 걸어서 선교사님을 찾아와서 말합니다. "선교사님, 제게 세례를 주세요." 그래서 "언제 복음을 들었습니까?"하고 물으니 이렇게 답했습니다. "저는 복음을 들은 적이 없습니다. 그러나 복음을 보았습니다." 그러면서 한 사건을 설명합니다. "제가 한때 어떤 사람을 가까이 지내고 알고 있었는데, 그 사람은 심한 아편 중독자였으며, 매우 격한 성미를 갖고 있었습니다. 그런데 어느 날 기독교를 접하고 복음을 알게 되면서 그의 모든 삶이 건강하게 변화되기 시작했습니다. 그는 가장 먼저 아편을 끊었고, 감사로 살며, 친절하고 상냥한 성격으로 변화되었습니다. 나는 그를 통해 복음을 보았습니다. 듣지는 못했지만, 눈으로 보았습니다. 선교사님, 제게 복음을 들려주세요." 성도 여러분, 인간을 변화시키고, 새 사람을 만들 수 있는 능력은 오직 복음 안에만 있습니다. 은혜와 진리가 충만한 것은 오직 복음 안에만 있습니다. 율법으로는 충분하지 않습니다. 이것을 잊어서는 안 됩니다.

종교개혁자 마르틴 루터는 평생 종교개혁에 참여했는데, 특별히 말년에 이런 탄식을 합니다. "왜 오늘날 목회자들은 복음을 전하지 않는가? 왜 영생의 복음, 천국복음, 예수 그리스도의 복음만을 증거하지 않는가? 왜 예수 믿으라고 하면서 자꾸 율법을 지키고, 착하게 살고, 선행을 하라고, 왜 자꾸 세상 이야기를 하는가? 왜 복음을 전하지 않는가? 참으로 이상하다." 이 탄식 끝에 그는 답을 내립니다. "이것이야말로 사탄의 권세요, 사탄의 역사로다."

성도 여러분, 성령으로 난 사람은 영생을 소유한 사람입니다. 성령께서 우리 안에 분별력을 주시어 오직 복음을 붙들고, 복음으로 살게 인도하십니다. 복음을 믿음으로 영생을 받았고, 이 영생의 삶을 살며, 영생의 빛을 발하려면 그 복음이 내 안에서 역사해야 합니다. 이것을 깨닫게 하시고, 분별케

하시고, 이것을 소망케 하시는 것이 성령의 역사입니다. 성령께서 분별력을 주시어 우리로 하여금 율법의 관점에서 이제는 복음을 바라보게 하십니다. 그 복음의 지혜, 능력을 깨닫게 하십니다. 복음의 위대함, 탁월함, 복음에 나타난 하나님의 놀라운 구원의 역사를 비로소 깨닫고 복음의 사람으로 살게 하십니다.

성도 여러분, 은혜와 진리는 하나님의 일하시는 방편입니다. 구원을 위해서, 구원의 역사를 이루시기 위해서 하나님은 오직 복음으로 은혜와 진리로 역사하십니다. 이제 그것을 깨달았습니다. 아니, 체험합니다. 이 모든 것이 하나님의 은혜였음을 알게 됩니다. 그 은혜가 없었다면 나는 과거도 현재도 미래도 아무것도 아닌 것입니다. 이제 그 은혜를 붙들고, 은혜의 복음을 향하여 달려가며, 그 은혜를 증거하며, 그 은혜 안에서 기쁨과 평강과 안식을 누리며, 하나님께 영광 돌리는 삶을 살아가게 되는 것입니다.

기도

전지전능하신 은혜의 하나님, 어둠 속에서 어둠의 권세에 묻혀 잘못된 분별력으로 휘청거리며 살아가던 죄인을 오직 주의 복음을 듣고 믿음으로 하나님 자녀 되게 하시며, 성령의 역사로 말미암아 영적 분별력을 가지고 하나님의 뜻을 분별하며, 하나님을 기뻐하며 오늘을 살게 해주심을 진심으로 감사드립니다. 성령이시여, 우리 안에 영생이 시작되었고, 영생의 삶이 우리를 통하여 나타나기 시작했음을 인지하며, 오직 복음의 영광을 향하여 복음 진리에 순종하여 복음에 대한 분별력을 가지고 살아 역사하는 복음의 살아 있는 증인으로 승리하는 삶을 살아갈 수 있도록 함께하여 주시옵소서. 우리 주 예수 그리스도의 이름으로 간절히 기도드리옵나이다. 아멘.

07

———

그는 흥하여야 하리라

요한이 대답하여 이르되 만일 하늘에서 주신 바 아니면 사람이 아무 것도 받을
수 없느니라 내가 말한 바 나는 그리스도가 아니요 그의 앞에 보내심을 받은
자라고 한 것을 증언할 자는 너희니라 신부를 취하는 자는 신랑이나 서서 신랑
의 음성을 듣는 친구가 크게 기뻐하나니 나는 이러한 기쁨으로 충만하였노라
그는 흥하여야 하겠고 나는 쇠하여야 하리라 하니라   — 요한복음 3:27-30

07

그는 흥하여야 하리라

　저명한 신학자 칼 바르트가 1936년 영국 애버튼 대학교에서 초빙교수로 있을 때의 일입니다. 저녁 만찬에 참석하기 위해 택시를 탔는데, 마침 택시기사가 성경책을 열심히 읽고 있었습니다. 당시 방대한 저서를 집필하고 있던 칼 바르트는 이 택시기사가 대견하기도 하고, 한편으로는 어느 정도의 성경 지식을 갖고 있는지를 알고 싶어서 몇 가지 신학적 질문을 던졌습니다. 그런데 칼 바르트의 현학적인 질문에 택시기사는 대답할 수가 없었습니다. 그래서 자신은 어려운 헬라어도 모르고, 히브리어도 모르고, 성경에 나타난 이적을 자세히 설명할 수 있는 능력도 없고, 신학적 교리에 대한 지식이 없어서 잘 답변할 수 없다고 죄송스러워했습니다. 그러면서 자신은 성경이 하나님의 약속이고, 그의 아들이신 예수 그리스도는 그 약속의 증표며, 우리를 위하여 구원을 이루셨고, 심판하러 다시 오신다는 사실을 분명히 알고 믿는다고 간략하게 대답했습니다. 이 택시기사의 대답에 정작 당황한 사람은 칼 바르트였습니다. 자신의 신학적 오만, 지적 교만에 너무나 부끄러웠습니다. 칼 바르트는 이 사건을 계기로 신학자들과 철학자들의 논쟁의 대상이 아닌 오직 교회를 위한 신학을 해야겠다고 생각하고 결단을 했다고 합니다.

그리스도인의 바른 정체성

성도 여러분, 여러분은 스스로의 정체성을 분명히 알며 오늘을 살아가십니까? 나는 누구이며, 어떤 목적을 가지고 인생을 살아가고 있습니까? 나는 어떠한 가치관을 가지고, 무엇을 소원하며 매일을 살아가고 있습니까? 깊이 생각해야 합니다. 인간은 오직 하나님 앞에서만, 하나님을 직면함으로써만 바른 정체의식을 발견하고 가질 수 있는 존재입니다. 오직 하나님을 아는 지식 안에서만 내가 누구인지를 알며, 바른 인생관과 가치관을 갖고 살아갈 수 있는 존재입니다. 하나님은 창조주이시고, 전지전능하신 하나님이시며, 역사의 주인이시며, 은혜와 사랑이 충만하신 분입니다. 이 하나님을 바르게 인식할 때에만 비로소 내가 피조물이며, 구제 불능한 죄인이며, 심판받을 그날이 내 앞에 다가오고 있음을 알며, 오직 하나님의 긍휼만이 필요한 존재임을 깨닫고 인식하게 됩니다. 세상의 평가와 판단이 아닙니다. 세상에서 성공했느냐 실패했느냐, 지식이 많이 있느냐 없느냐, 재산이 많이 있느냐 없느냐, 높은 명예와 권력을 가졌느냐 아니냐의 문제가 전혀 아닙니다. 또한 내가 판단하는 나에 대한 이해로는 바른 정체성을 가질 수 없습니다. 이것을 분명히 알아야 합니다.

오래전 '광수 생각'이라고 하는 만화에 나오는 대화입니다. 한 남자가 좋아하는 여자에게 말했습니다. "우리 아버지는 유명한 변호사이며, 큰 빌딩을 두 채나 갖고 있어. 나도 유명 대학을 나왔고, 대기업에서 중요한 일을 하고 있어. 그리고 나는 아들 3형제 중 막내라 집안에서 책임질 일도 별로 없어. 그런데 왜 내 청혼을 받아주지 않는 거야? 내 배경과 스펙이 이만큼인데 왜 나와 결혼하지 않는 거야?" 이야기를 다 들은 여자가 이렇게 말했답니다. "그래 너의 배경과 너의 스펙은 정말 마음에 드는데, 나는 네가 싫어." 자기 스펙과 배경, 조건이 자기 정체성이 아닙니다. 별개라는 것을 항상 인식해야 합니다.

성도 여러분, 어떻게 하나님의 자녀라는 그리스도인으로

서의 바른 정체성을 갖고, 온전히 확신하며 오늘을 살아갈 수 있습니까? 그 대답은 오직 예수 그리스도입니다. 예수 그리스도 안에서만 그것을 발견할 수 있고, 찾을 수 있으며, 분별할 수 있고, 검증할 수 있고, 확신할 수 있습니다. 이것을 잊어서는 안 됩니다. 다시 말해서, 오직 예수 그리스도 안에서 나를 보아야 합니다. 예수 그리스도 안에서 나의 과거, 현재, 미래를 보아야 합니다. 예수 그리스도 안에서 내가 누구인지를 묻고 답을 찾아야 합니다. 예수 그리스도 안에서 나는 어떤 인생을 살아가고 있는지 질문하고 점검해야 합니다. 예수 그리스도 안에서 정말 나는 영생을 소유한 자로 하나님께 영광 돌리는 삶을 매일매일 살아가는지를 분별해야 합니다. 이것은 오직 예수 그리스도 안에서만 가능합니다. 그런고로 예수님과 나의 관계가 중요합니다. 예수님과 나의 관계가 어떤 관계이며, 어떤 비중의 관계인지를 분명히 알아야 합니다. 이제 질문합니다. 나는 예수님 중심의 삶을 살고 있습니까, 아니면 나 중심의 삶을 살고 있습니까? 어느 쪽의 비중이 더 큽니까? 나는 예수님의 이야기를 더 많이 합니까, 아니면 나의 이야기를 더 많이 합니까? 나는 예수님의 자랑을 더 많이 합니까, 아니면 나의 자랑을 더 많이 합니까? 나는 예수님께 영광 돌리는 삶을 추구합니까, 아니면 나의 영광을 먼저 추구하며 살아갑니까? 이것을 분별하고 점검해야 합니다.

그는 흥하고 나는 쇠하여야 하리라

오늘 우리에게 주시는 고귀한 하나님의 말씀이 30절에 이렇게 기록됩니다. "그는 흥하여야 하겠고 나는 쇠하여야 하리라." 예수님은 흥하여야 하겠고, 나는 쇠하여야 하리라는 말씀입니다. 영어성경으로 보면 이렇습니다. "He must increase, but I must decrease." 다른 번역 성경을 보면 이렇습니다. "그는 점점 위대해져야 하겠고, 나는 점점 작아져야 하겠다." 성령 충만한 세례 요한의 가치관이요, 인생관이요, 정체의식입니다. 예수님과 나, 오직 예수님 안에서 나를 보았습니다. 성도 여러분, 그런 삶의 방식이 영생의 삶입니다. 영생의 삶을 살아간다는 것은 추상적인 게 아닙니다. 예수 그리스도 안에서 나를 보며 바른 정체의식을 가지고 살아가는 것입니다. 이것이 성령으로 난 자요, 성령의 역사입니다. 과연 여러분은 '예수님은 흥하여야 하겠고, 나는 쇠하여야 하리라'는 가치관과 인생관과 정체의식을 가지고 오늘을 살아가십니까?

이 고백을 한 세례 요한은 당시 상당한 위치와 신분을 가진 인물이었습니다. 성경을 보면 엄청나게 많은 추종자가 있었습니다. 유대 민족이 그를 하나님의 선지자라고 인정했습니다. 높은 존경을 받는 인물입니다. 예수님도 그를 인정하셨습니다. "여자가 낳은 자 중에 세례 요한보다 큰 이가 일어남이 없도다"(마 11:11). 역사 안에 가장 위대한 인물이라고 인정해 주셨습니다. 진정 저 사람이야말로 하나님의 사람이라는 평가를 받았으니, 이쯤 되면 스스로 만족하며 자신의 삶을 자랑할 만합니다.

조금 더 다른 방면을 생각해 보면, 그 당시에 유대 종교는 부패했고 타락했습니다. 그런 시대에 세례 요한은 개혁 신앙을 외치면서 새로운 종파와 교단을 만들 만한 인물이었습니다. 충분히 그렇습니다. 높은 명예와 권위를 가진 현재적 위치에서 자부심을 느끼며 살아갈 만합니다. 그러나 전혀 그렇지 않습니다. 그는 고백합니다. "예수님만이 흥하여야 하겠고, 나는 쇠하여야 하리라." 이 엄청난 정체성과 가치관, 하나님의 뜻에 합한 신앙고백과 이런 삶이 어떻게 이루어진 것입니까? 그 비결이 무엇입니까? 성경은 두 가지 답을 줍니다.

먼저, 세례 요한은 하나님을 경외하는 자였습니다. 하나님을 인식하고, 하나님 앞에서 내가 누구인지를 알았습니다. '나는 한낱 피조물이야.' 세상에서 아무리 나를 높여도 나는 한낱 인간이고, 잊힐 존재이며 죄인임을 알았습니다. 하나님의 은혜가 없이는 살아갈 수 없음을 알았습니다. 하나님의 경륜 속에 내가 있음을 알고, 바른 역사관 속에서 인생을 살아간 인물입니다. 그래서 27절에 이렇게 말합니다. "요한이 대답하여 이르되 만일 하늘에서 주신 바 아니면 사람이 아무것도 받을 수 없느니라." 모든 것을 하나님 앞에서 생각했고, 살아 계신 하나님의 사건으로 인식하며, 그 사건에서 하나님의 뜻을 분별했습니다. 그러나 그를 좇고 추종하는 수많은 무리들, 제자들은 그렇지 못했습니다. 그러니까 오늘 본문의 전후 상황을 보면 이렇게 됩니다. 당시에 많은 사람들이 세례 요한을 높이며 그에게 와서 세례를 받았습니다. '저가 참으로 하나님의 선지자로다.' 그러던 어느 날, 갑자기 젊은 청년이 등장했는데, 목수이며 젊은 사람인데도 사람들이 그에게로 가는 것입니다. 세례 요한에게 왔던 사람들이 우르르 다 그에게 갑니다. 그래서 성경이 이렇게 보고합니다. "사람들이 다 그에게로 가더이다." 지금 심통이 난 것입니다. 시기, 질투 때문에 지금 무슨 사건이 벌어졌는지 분별치 못했습니다. 그러니까 사건에 함몰됐습니다. 사건 속에서 하나님을 보지 못했습니다. 이들은 요한을 추종한 자입니다. 하나님을 믿는 자라 하지만, 하나님의 경륜 속에서 이 사건을 신중하게 바라보지 못했습니다. 그러나 세례 요한은 그럴 만한 위치에 있음에도 불구하고 그 사건 속에서 내가 누구이며, 그 사건의 의미가 무엇인지를 알았습니다. 이것이 중요한 것입니다. 무엇보다도 세례 요한은 예수 그리스도를 알았습니다. 예수 그리스도 안에서 자신을 보았습니다. 예수 그리스도가 누구신지, 무슨 일을 하실 분인지를 정확하게 알았습니다.

그래서 요한복음 1장 29절은 말합니다. "보라 세상 죄를 지고 가는 하나님의 어린 양이로다." 청년 예수지만, 그분이 성령 충만한 하나님의 아들이요, 세상의 구주라는 사실을 확실히 알았습니다. 그리스도라는 지식을 충만하게 알았습니다. 믿었습니다. '저분은 하나님의 아들이다. 창세 전에 하나님과 함께 계셨던 분으로, 진정한 하나님의 아들로 이 땅에 오신 분이다. 저분은 영생을 소유한 자로 우리에게 영생을 주신 분이다. 구원은 오직 저분으로 말미암아 이루어진 사건이다.' 이것을 확실히 알았습니다. 그렇기에 그는 예수 그리스도 안에서 자신을 보았습니다. 비교할 수 있는 인물이 아닌 것입니다. 자신이 누구인지를 아는 것입니다. 그러면서 3장 29절에서 비유를 통해 말합니다.

당시 유대 결혼식엔 '쇼시뱅'이라는 역할이 있는데, 쇼시뱅은 결혼을 주관하며 준비하는 신랑의 친구를 가리킵니다.

세례 요한은 스스로를 "나는 쇼시뱅이다"라고 말합니다. 세례 요한은 신부를 취하는 신랑이 아니므로, 그 영광은 오직 신랑이신 예수 그리스도가 취해야 합니다. 세례 요한은 주님의 영광을 준비하는 쇼시뱅입니다. 그는 이러한 기쁨으로 충만했습니다. 내가 누구인줄 알며, 무슨 일을 하는지를, 또 어떤 목적의 인생관을 갖고 살아가는지를 명확하게 알았습니다. 그래서 만족합니다. 행복해합니다. 은혜가 충만합니다. 그리고 고백합니다. "예수님은 흥하여야 하겠고, 나는 쇠하여야 하리라." 이것이 마땅하지 않습니까!

그런데 요한의 제자들은 그렇게 하나님을 경외하고, 하나님을 찬송하고, 하나님의 일에 힘쓴다고 하고, 예수님을 높이면서도 예수님이 누구이신지를 알지 못한 것입니다. 그것이 가장 큰 문제입니다. 아무리 세상 정보를 많이 알고, 세상 지식을 많이 알아도 예수 그리스도가 누구신지를 모르면 끝나는 것입니다. 내가 누구인지를 모르는 상태입니다. 오늘 예수를 믿지 않는 모든 불신의 사람들이 그 위치에 있습니다. 예수님이 누구이신지를 모릅니다. 결국 예수님을 거부합니다. 요한의 제자들처럼 거부합니다. 비난하게 됩니다. 얼마나 안타까운 일입니까? 우리 모두는 쇼시뱅입니다. 예수 그리스도 앞에서 쇼시뱅입니다. 이것을 알아야 합니다.

영생의 삶을 가로막는 장애물

성도 여러분, 영생을 받기 전에는 내가 주인공입니다. 내가 내 삶의 주인입니다. 나의 영광을 구하며 살았습니다. 그렇게 하나님을 믿었습니다. 그런데 영생을 받고 보니 그것이 아닙니다. 예수님이 누구이신 줄 알게 됩니다. 하나님이 어떤 분인 줄 알았습니다. 모든 것이 뒤바뀝니다. 성령의 역사는 이런 것입니다. 우리 안에서 새로운 가치관에 이끌리어 새 생명의 삶을 살도록 인도하십니다. 성도 여러분, 그러나 불행하게도 기독교의 역사 안에, 또 교회 안에, 때로는 우리 자신의 모습을 볼 때 이런 삶이 나타나지 않습니다. 고백조차 못 합니다. 분명히 예배를 드리고, 예수님을 찬양하고, 하나님을 높이고, 하나님의 일을 하고, 하나님께 영광이라고 말하지만 삶 속에서 구체화되지는 않습니다. 뭐가 잘못된 것입니까? 이것을 알아야 합니다.

도대체 무엇이 막고 있기에, 어떤 장애물 때문에 이런 일이 있는 것입니까? 성경은 두 가지 답을 줍니다. 먼저 사탄의 역사입니다. 사탄의 역사가 실재합니다. 사탄은 세상에서 부와 건강을 주고, 명예도 주고, 권력도 주고, 다 줄 수 있습니다. 높여도 줍니다. 그러나 사탄의 목적은 예수 그리스도를 아는 지식을 막습니다. 명백하게 성경을 통해 증거되지만, 모호하게 단지 추상적으로 고백하게 만듭니다. 그리고 예수 그리스도께서 나를 보지 못 하게 합니다. 분명히 예수를 주로 고백하면서도 세상이 보는 나, 내가 인식하는 나에 만족하고 갈망하게 됩니다. 그러니까 잘못된 정체의식을 가질 수밖에 없습니다. 여기로부터 벗어나야 합니다.

또 하나의 장애물은 자아입니다. 내 마음속에 있는 자아입니다. 이 자아가 나를 움직입니다. 자아 중심으로 자아를 실현하고 내 꿈을 이루는 삶을 살고, 열심히 민족과 이웃을 위하여 거창한 계획을 세우지만, 결국은 속물의 인생을 살아갑니다. 그 안에는 그리스도의 영광을 위하는 것이 없습니다. 그리스도 중심이 아닙니다. 오늘날 수많은 비용을 들여서 좋은 조건에서 현대교육을 하지만, 그 목적은 자아실현입니다. 자아실현, 나 중심의 삶, 이것이 잘못입니다. 그 결과가 어떻게 됩니까? '나는 흥하고 다른 사람들은 쇠하여야 하리라.' 그런 것 아닙니까? 무한 경쟁 속에서 극소수만 성공하는데, 그 성공을 위하여 달려갑니다. 모든 시간과 열정을 쏟아 붓습니다. 그러면 어떤 가치관에 이끌린 것입니까? '나는 흥하여야 하리라. 다른 사람들은 쇠하여야 하리라.' 이렇게 됩니다. 이것을 알아야 합니다.

이런 사건이 에덴동산에서 있었습니다. 사탄이 아담과 하와를 유혹합니다. 좋은 환경에 있었지만, 그의 자아를 꿈틀거리게 만듭니다. 자아를 크게 만듭니다. 자아가 확대되니까 자기중심의 세계관에 빠집니다. 하나님 앞에서 나를 보지 못합니다. 내가 한낱 피조물인 줄 알지 못합니다. 그리고 교만해집니다. 그리고 선악과를 따먹습니다. 그 이유는 하나님과 같은 존재가 되려는 욕망 때문입니다. 이것이 자아실현입니다. 이런 일이 역사에서, 모든 인간에게서 계속되고 있다는 사실을 알아야 합니다.

영생을 가진 하나님의 사람

그러나 영생을 가진 자는 비로소 이 모든 사실을 알게 됩니다. 그리고 자아를 죽이기를 갈망합니다. 자아를 깨뜨리기를 희망합니다. 그리고 내 안에서 살아 계신 예수 그리스도가 역사하여 오직 그리스도의 영광을 나타내는 것을 기뻐하는 삶을 목적으로 오늘을 살아가게 됩니다. 자기를 부인하고 그리스도를 따르는 자가 됩니다. 성령의 역사는 이런 것입니다. 이를 분별해야 합니다. 신앙의 삶, 영생의 삶은 추상적인 것이 아닙니다. '나는 그리스도인이다. 하나님의 자녀다. 영생을 가졌다.' 그런데 도무지 삶에서 나타나질 않습니다. 대화를 해보면 알지 않습니까? 스스로 점검해 나가야 합니다. 맹목적인 신앙생활이 아닙니다. 깨어 있는 자로 하나님께서 우리를 새롭게 하십니다.

예수님께서 산상수훈의 결론에서 그 유명한 무서운 경고를 남기십니다. 마태복음 7장에서 '주여! 주여!' 하는 자는 교인들을 가리키는데, 천국에 못 들어간다고 합니다. 심지어 선지자 노릇을 하는 최고의 종교 지도자들입니다. 많은 능력을 행하고, 이적을 행합니다. 병 고침을 행하고 귀신을 쫓아내더라도 불법을 행하는 자입니다. '너희들은 하나님의 뜻을 알지 못한다. 결코 천국에 들어가지 못하리라.' 무엇이 문제입니까? 사탄의 유혹에 빠져 자아 중심의 신앙생활을 한 것입니다. 내 자아를 위해서 하나님이 필요한 것입니다. 내가 흥하여야 하는 것이 먼저인 것입니다. 이것을 회개해야 합니다.

오늘 이 귀중한 말씀을 영문성경으로 보면 더 강하게 옵니다. "must"가 반복됩니다. "He must increase, but I must decrease." must는 잘 아시는 대로, 반드시 이렇게 되어야 된다는 것입니다. 성도 여러분, 이것은 내 힘과 내 노력, 내 결단으로 되는 문제가 아닙니다. 하나님의 방식은 오직 예수 그리스도입니다. 그리스도를 아는 지식을 갈망하며, 그리스도를 아는 지식이 충만함에 이르면 됩니다. 정말 예수님이 누구이신지를 알며, 무슨 일을 행하셨고 오늘도 어떤 역사를 행하시는지를 알면, 정말 내가 인식한다면 이렇게 됩니다.

요한복음 3장을 생각해 보십시오. 예수님은 영생을 주시는 분입니다. 그를 믿는 자마다 영생을 얻게 하십니다. 그 영생을 얻어야 하나님의 진노에서 벗어날 수 있습니다. 얼마나 감사한 일입니까! 이 일을 위하여 오셨고, 십자가를 지셨습니다. 그리고 1장으로 가보십시오. 태초에 하나님과 함께 계신 분이시요, 말씀이신 예수 그리스도께서 육신이 되시어 이 땅에 오셨습니다. "우리가 그의 영광을 보니 아버지의 독생자의 영광이요 은혜와 진리가 충만하더라." 예수 그리스도께서 우리에게 은혜와 진리를 주셨습니다. 그분이 오시지 않았다면, 하나님이 그분을 보내지 않으셨다면 우리는 결코 하나님을 알 수 없는 존재입니다. 정말 맹목적으로 종교생활을 하다가 끝나는, 멸망에 이르는 짐승과 같은 삶을 살았을 것입니다. 예수 그리스도가 누구시며 무슨 일을 하셨는지를 정말 인식하고 살아간다면, 오직 예수 그리스도만이 영광을 받으시고 나는 그 영광을 나타내기 위한 쇼시뱅이라고 고백할 수밖에 없습니다. 단 한 번의 결단으로 된 일이 아닙니다. "그는 흥하여야 하겠고 나는 쇠하여야 하리라." 인생의 목적입니다. 과정을 통해서 이루어져야 되는 것입니다. 이루어질 것입니다. 그렇기에 오직 그리스도를 묵상하고, 그리스도를 아는 지식을 깊이 생각하며, 그리스도를 따르는 삶을 살아가야 이말씀이 내 안에 사건이 됩니다.

하나님의 영광을 구하는 삶

성도 여러분, 그래서 매일매일 나의 정체성과 가치관과 인생관을 체크해 나가야 합니다. 왜냐하면 사탄이 강력하게 역사하며 내 자아가 죽질 않습니다. 그렇지 않습니까? 그래서 먼저 매일매일 하나님 앞에서, 하나님이 주신 율법과 복음 안에서 나를 보아야 합니다. 그럴 때 사도 바울과 같은 신앙고백을 하게 됩니다. 로마서 7장에서 그는 말합니다. "오호라 나는 곤고한 사람이로다 이 사망의 몸에서 누가 나를 건져내랴." 세상과 당시 교회가 볼 때 그는 위대한 인물이었습니다. 이적을 행하는 특별한 하나님의 사람이었습니다. 그러나 율법 앞에 서서 자신을 보니 한낱 죄인입니다. 하나님의 은혜가 없으면 살아갈 수가 없습니다. 그래서 복음 안에서 고백합니다. "예수 그리스도로 말미암아 하나님께 감사하리로다." 이것을 알게 하셨고, 깨닫게 하셨고, 비로소 하나님의 사람으로, 하나님의 영광을 나타내는 주의 사람으로 승리하는 삶을 살게 됐습니다. 매일매일 고백해야 합니다.

그리고 우리는 매일매일 내 기도와 내 소원이 무엇인지를 점검해야 합니다. 여러분은 나 중심의 기도를 합니까, 예수님 중심의 기도를 합니까? 나의 요구와 간구가 더 많습니까, 아니면 하나님의 은혜에 대한 감사와 찬양이 더 많습니까? 어느 쪽에 비중이 더 큽니까? 스스로 분별해야 합니다. 그리고 매일매일 복음의 증인으로 살아가는지 점검해야 합니다. 생각해 보십시오. 내가 일상에서 하는 일과 생각과 말에 나의 이야기가 더 많습니까, 예수님에 대한 이야기가 많습니까? 세상 이야기에 더 많은 관심을 갖고 있습니까, 하나님 나라에 더욱 많은 관심을 갖고 있습니까? 정말 기도하는 마음으로 십자가의 복음, 영광의 복음, 천국의 복음을 말로 전하며 증거하며 살아가십니까? 매일매일 자신을 점검해야 할 것입니다.

위대한 작품을 많이 작곡한 조셉 하이든의 유명한 일화입니다. 어느 날, 어떤 사람이 와서 물었습니다. "선생님은 참으로 훌륭하십니다. 그런데 음악을 작곡하신 그 영감은 어디서 오는 것입니까? 알고 싶습니다." 그는 평소에 준비된 답을 말해 주었습니다. "나는 기도할 때마다 '하나님이 내 삶의 주인이십니다. 하나님이 나에게 지혜를 주셔서 내가 아름다운 음악을 작곡하게 되면, 이것은 하나님의 영광을 위해서 작곡한 것이 되며, 하나님의 영광을 위해서 이 음악을 주님 앞에 드릴 것입니다'라는 기도를 항상 합니다." 이러한 믿음의 사람 하이든이 많은 작품을 작곡했는데, 그중에 최고로 인정받는 것이 '천지창조'입니다. 여러분도 잘 아시는 곡입니다.

그 천지창조가 초연될 때 실제 있었던 일입니다. 불행하게 도 하이든이 몹시 아팠습니다. 그래서 청중 가운데 있을 수가 없었습니다. 그러나 꼭 듣고 싶어 관객석 맨 뒤 구석의 발코니에 앉았습니다. 공연은 잘 됐습니다. 많은 사람들이 감동을 받았습니다. 그리고 지휘자를 향해서 큰 박수를 보냈습니다. 그때 지휘자가 그 박수를 중단하고, 하이든을 가리키며 말했습니다. "제가 아니고, 저분입니다. 저분이 이 곡을 작곡하신 분입니다. 저는 단지 그것을 해석해서 연주했을 뿐입니다." 청중들은 뒤를 바라보며 하이든을 향하여 뜨거운 갈채를, 큰 박수를 보냅니다. 그때 그는 일어나서 유명한 말을 합니다. "아닙니다. 아닙니다. 박수를 멈추십시오." 그리고 손가락으로 하늘을 가리키며 말합니다. "제가 아닙니다. 이 모든 것은 하늘로부터 온 것입니다. 주님께서 나에게 지혜를 주셨습니다. 오직 그분께만 영광을 돌리십시오."

성도 여러분, 내가 예수 그리스도 안에서 주께서 행하시는 은혜에 참으로 만족하고, 감사하고, 기뻐하면 예수님께서 내 안에서 영광을 받으신다는 것을 잊어서는 안 됩니다. 무엇 하나를 하고, 하지 않고의 문제가 아닙니다. 다만 존재 자체로 그런 것입니다. 내가 하나님의 은혜와 사랑에 정말로 감사하고, 기뻐하고, 만족하고, 행복해할 때 하나님께서 내 안에서 영광을 받으십니다. 이것이 하나님이 기뻐하시는 뜻입니다. 그럴 때 우리는 세례 요한처럼 바른 정체의식을 가지고 하나님을 인식함으로 예수 그리스도를 통하여 나를 보며, 이 땅에서 승리의 삶을 살게 됩니다. 참으로 내가 누구이며, 어떤 존재이며, 어떤 인생을 살아가는지를 매일매일 분별하게 됩니다. 하나님을 향한 소망의 사람으로 권세 있는 삶을 살아가게 됩니다. 그리고 우리는 고백할 것입니다. 아니, 우리에게 주신 이 고귀한 말씀이 내게 사건으로 나타납니다. "그는 흥하여야 하겠고 나는 쇠하여야 하리라."

기도

전지전능하신 은혜의 하나님, 하나님을 알지 못하는 불신앙 가운데 잘못된 세계관을 가지고, 잘못된 정체의식 속에 세상의 종으로 살아가는 미천한 죄인을 오직 예수 그리스도를 나의 구주로 영접하여 새로운 영적 지식에 이끌리어 비로소 내가 누구인지를 알며, 바른 인생관을 가진 사람으로 오늘을 살게 해주심을 진심으로, 진심으로 감사드립니다. 예수 그리스도 안에서 나를 보며, 세상을 보며, 오직 예수 그리스도의 영광이 나타나기를 기뻐하는 자의 삶으로 하나님이 주신 지혜와 능력을 체험하며, 기쁨과 감사와 만족과 행복을 누리며, 이 땅에서 승리하는 삶을 살도록 함께하여 주시옵소서. 진실로 그리스도를 아는 지식의 충만함을 갈망하며, 그 지식 안에서 기뻐하고 만족하므로 하나님께서 영광 받는다는 이 놀라운 하나님의 뜻을 분별하며 실천하는 삶을 살도록 지켜주시옵소서. 우리 주 예수 그리스도의 이름으로 간절히 기도드리옵나이다. 아멘.